Hanne Baar

Kierkegaard zum 18ten

Zum Inhalt:

Laut Kierkegaard sind die Unterschiede in dem, was als Genuß erlebt wird und Menschen von daher treibt, zwar groß, aber nicht von eigentlicher Bedeutung. Von wirklicher Bedeutung ist vielmehr, ob eine Persönlichkeit – frei von dem Anspruch, daß bestimmte Bedingungen *erst* erfüllt sein müßten – bereit ist, ganz einfach zu sein, wer sie ist, um (von dieser Basis aus) zu geben, was sie hat, zu tun, was sie kann und zu genießen, was es gibt.

Praktisch bedeutet das, entspannt leben zu können mit dem, was möglich ist, statt zu verzweifeln an dem, was nicht möglich ist. Paradoxerweise führt der Weg zu dieser Bereitschaft jedoch über die Verzweiflung, genauer: durch sie hindurch und über sie hinaus.

Der große christliche Philosoph entfaltet dieses allgemein bedeutsame Thema lebensnah und praktisch, **in wahrer Meisterschaft und nicht ohne Humor.**

Zum Vergleich mit dem Originaltext empfiehlt sich die dtv-Ausgabe: *Sören Kierkegaard, Entweder-Oder, Teil I und Teil II* , 4. Aufl. München 1996 (S. 704 - 914).

Ein klassischer Text
zu einem klassischen Thema
(bearbeitet, gekürzt und leichter lesbar gemacht)

Kernpassagen aus Kierkegaards
ENTWEDER-ODER, bearbeitet von

Hanne Baar

Kierkegaard zum 18ten

Beiträge zu einer
christlichen Tiefenpsychologie

Hymnus-Verlag

Die Deutsche Bibliothek - CIP - Einheitsaufnahme

Baar, Hanne: Kierkegaard zum 18ten:
Beiträge zu einer christlichen Tiefenpsychologie
(Herzenssache); Kernpassagen aus Kierkegaards
Entweder-Oder/ bearb. von Hanne Baar. –
Rottendorf: Hymnus-Verl., 1997,
ISBN 3-9803801-6-5

1. Auflage

Umschlaggestaltung: image design A. Fietz, Landsberg/L.
Druck: Schönbach-Druck GmbH, Erzhausen
ISBN 3-9803801-6-5

Für Daniel
zum 18. Geburtstag

Inhalt

Anstelle eines Vorwortes

Liebes Geburtstagskind,

eben im Laden habe ich Buchstabennudeln gesehen und daran gedacht, wie gern Du sie als Kind in der Suppe hattest, um damit am Tellerrand ein Wort zu formen.

Jetzt schenke ich Dir andere Buchstaben und hoffe, sie freuen dich genauso. Mit der sinngetreuen, gekürzten, aber fast durchgängig Original-Sätze verwendenden Wiedergabe des vorletzten Kapitels aus Sören Kierkegaards „Entweder-Oder" gratuliere ich Dir zur Volljährigkeit.

Als Kierkegaard dieses Buch 1843 herausbrachte, war er noch nicht ganz dreißig Jahre alt. Er läßt darin zwei fiktive Personen miteinander ins Gespräch kommen, den lebensfrohen *Ästhetiker*, der noch kaum weiß, wohin sein Leben treibt, und den *Ethiker*, der sich bereits selbst gefunden und gewissenhaft zu wählen gelernt hat.

Kierkegaard nennt das Kapitel, das ich Dir hier schmackhaft zu machen versucht habe: „Das Gleichgewicht zwischen dem Ästhetischen und dem Ethischen in der Herausarbeitung der Persönlichkeit."

Die Briefform ist Stilmittel. Der große Philosoph setzt sich im Grunde mit einem Teil seiner eigenen Person auseinander. Das bedeutet, der Ästhetiker, der hier mit großer Ernsthaftigkeit vom Ethiker ermahnt wird, sein Leben nicht unter der Parole „Hauptsache Genuß“ leichtsinnig zu vertun, ist zum Teil er selbst.

Wenn du den vorliegenden Text mit dem Original vergleichen möchtest, empfehle ich Dir die dtv-Ausgabe: *Sören Kierkegaard, Entweder-Oder, Teil I und Teil II*, München 1996 (S. 704 - 914).

Gegenüber dem Originaltext habe ich mir also vor allem Kürzungen herausgenommen, aber auch den abwechselnden Gebrauch von wortgetreuen und abgeänderten Text-Wiedergaben, und zwar ohne die original-getreuen Sätze gegenüber den abgeänderten zu kennzeichnen. Wenn ich – in seltenen Fällen – zur Verdeutlichung eine eigene kurze Bemerkung hinzugefügt habe, dann ist diese kenntlich gemacht durch eckige Klammern [ ].

Bei all diesen Freiheiten, die ich mir erlaubt habe, war jedoch mein ganzes Bemühen darauf gerichtet, so zu schreiben, daß Kierkegaard selber sagen würde: „Ja, ich fühle mich verstanden, so habe ich es gemeint.“

Wir werden sehen, wie es Dir mit dieser schweren, aber hoffentlich schmackhaften Kost gehen wird. Oder soll ich sagen, mit diesem frischen Trunk klaren Wassers?

Deine Mutter

Weißt du, wie bedeutsam es ist, zu wählen?

Mein Freund,

was ich dir schon so oft gesagt habe, ich sage es noch einmal, ich rufe es dir zu: Entweder – oder, *aut – aut!*

Auf mich haben diese Worte von jeher einen starken Eindruck gemacht und tun es noch, denn in ihnen liegt ja die Möglichkeit, die schrecklichsten Gegensätze – so oder so – in Bewegung zu setzen. Schon in meiner Kindheit hatte ich dieses feierliche Gefühl, wenn es darum ging zu wählen. Der Augenblick der Wahl war mir irgendwie ehrwürdig, obwohl ich damals doch nur zu entscheiden hatte, ob ich den Anweisungen eines anderen folgen wollte.

Und auch später stand ich oft vor einer Wahl wie an einem Scheideweg, besonders dann, wenn auf der einen Seite Wahrheit und Gerechtigkeit, auf der anderen Lust und dunkle Leidenschaften standen. – Und selbst bei den unwesentlichsten Dingen, wo es an und für sich gleichgültig scheint, so oder so zu wählen, kommt es darauf an, achtzugeben. Denn wenn ich falsch wähle, muß ich in jedem Fall zurück zu dem Punkt, von dem ich ausging. Und ich danke Gott, wenn ich mir bei einer solchen Gelegenheit nichts weiter vorzuwerfen habe, als Zeit vergeudet zu haben.

Obwohl nun mein Leben sein wichtigstes Entweder-Oder schon hinter sich hat, so wird es doch noch viele Situationen geben, in denen ich zu wählen haben werde. Und ich hoffe, daß mich jedes Entweder-Oder zumindest ernsthaft gestimmt findet. Ob ich dann immer richtig wähle, weiß ich nicht. Aber falls ich mich irre, kann ich mich wenigstens damit trösten, nicht leichtsinnig gewesen zu sein. Und dann wird es mir sicher auch gelingen, den Irrweg wieder zu verlassen.

Was nun dich betrifft

Du dagegen hast noch nicht gewählt. Zwar sagst du gern und häufig: „Entweder – oder", geradeso, als sei es dein Wahlspruch. Aber sagst du es nicht wie eine leere Parole?

Ich denke daran, wie du mit einer zweifelhaften Freude Leute zu „trösten" versuchst, wenn sie sich in kritischen Situationen an dich wenden. Du hörst ihre Ausführungen an, und dann sagst du nicht ohne Zynismus: „Ja, ich sehe es jetzt vollkommen ein. Es sind zwei Fälle möglich, man kann entweder dies tun oder das. Meine aufrichtige Meinung und mein freundschaftlicher Rat lauten folgendermaßen: Tu es, oder tu es nicht, du wirst beides bereuen."

Wäre diese Art zu spotten dein wirkliches Wesen, so wäre mit dir nichts anzufangen. Man müßte dich lassen, wie du bist, und könnte nur bedauern, daß Schwermut oder Leichtsinn deinen Geist geschwächt haben. Da ich dich jedoch besser kenne, weiß ich, daß ich dich nicht zu bedauern brauche. Aber eins wünsche ich dir doch: daß dich die Verhältnisse deines Lebens einmal so in die Zange nehmen, daß das ans Licht kommen kann, was wirklich in dir steckt. Noch bist du nämlich nichts. Du hast dein Sein nur im Verhältnis zu anderen, und was du bist, bist du durch dieses Verhältnis.

Glaubst du denn, daß das Leben auf die Dauer mit sich spaßen läßt, daß nicht für jeden einmal eine Mitternachtsstunde kommt, in der er sich demaskieren muß? Ich habe Menschen gesehen, die so lange Versteck mit anderen spielten, daß sich ihr wahres Wesen zuletzt nicht mehr offenbaren konnte, und daß schließlich eine Art Wahnsinn dafür sorgte, daß sie gerade die heimlichsten Gedanken, die sie bis dahin stolz verborgen hatten, ausplappern und anderen aufdrängen mußten. Kannst du dir etwas Entsetzlicheres denken, als daß sich das Wesen eines Menschen derart auflöst und der Mensch das Innerste und Heiligste verliert: die bindende Macht der Persönlichkeit?

Zwar sorgt bei jedem Menschen eine bestimmte Angst dafür, daß er sich selbst nicht völlig durchsichtig wird. Aber es kommt vor, daß dies in einem so hohen Maße der Fall ist, daß die Person sich irgendwann überhaupt nicht mehr zu öffnen vermag. Wer sich aber nicht offenbaren kann, der kann nicht lieben. Und wer nicht lieben kann, ist der Unglücklichste von allen. – Ist es mir schon gelungen, dir die Notwendigkeit, sich jedem Entweder-Oder gegenüber aufmerksam und ernsthaft zu stellen, vor Augen zu führen? Ich will es noch einmal von einer anderen Seite her versuchen.

Bei anderen kannst du es sehen

Denke dir einen jungen Mann in jenem Alter, da das Leben so recht anfängt, Bedeutung für ihn zu bekommen. Er ist gesund, fröhlich, geistig begabt, selber an Hoffnung reich, die Hoffnung eines jeden, der ihn kennt. Denke dir, er wendet sich an dich mit dem liebenswürdigen Vertrauen, das die Zierde, und mit dem unabweisbaren Anspruch, der das Recht der Jugend ist. Was würdest du ihm raten? Würdest du antworten: „Ich sage bloß *entweder – oder*"? Das würdest du wohl kaum. Oder würdest du sagen: „Geht mich nichts an?" Das würdest du wohl auch nicht. Ein junger Mensch, geistig begabt, ist etwas, worauf du viel zu großen Wert legst.

Du würdest fühlen, daß etwas Schönes im Jungsein liegt, aber auch etwas überaus Ernstes, und daß es keineswegs eine gleichgültige Sache ist, wie man seine Jugend gebraucht, daß eine Wahl vor einem liegt, ein wirkliches Entweder-Oder. – Du würdest ihm ans Herz legen, die Zeit zu nutzen und würdest ihm versichern, daß es sich lohnt. Und daß der Mensch eine Macht in sich hat, die der ganzen Welt zu trotzen vermag.

Ja, in dem Fall würdest du die Tatsache eines Entweder-Oder und die Bedeutung, die in der Wahl liegt, anerkennen. Das würdest du schon. Aber deine eigene Unentschiedenheit stört dich nicht. Du scheinst zufrieden zu sein mit deiner Mehrdeutigkeit, fast stolz auf sie.

Unentschiedenheit verschlingt nur Zeit

Nun verstehst du sicher, daß ich, der ich dich aufrichtiger liebe, als du jenen jungen Mann geliebt hättest, dir zureden will zu wählen. Ich beglückwünsche dich, daß du noch so jung bist und daß alle Hoffnung besteht, daß du das noch gewinnen kannst, was die Hauptsache im Leben ist: dich selbst. Denn was gewählt werden soll, steht nicht, wie es vielleicht scheinen mag, außerhalb des Wählenden. Es steht in tiefster Beziehung zu ihm selbst, und die Persönlichkeit sinkt durch die Wahl in das Gewählte hinab und wird mit ihm eins. Wenn man das Entweder-Oder des Lebens so betrachtet, ist man nicht leicht versucht, damit zu spaßen.

Alles Zögern kann nicht verhindern, daß die Zeit unterdessen vorwärts eilt. Und wer nicht aufpaßt, kann dahin kommen, daß eines Tages für ihn von einem Entweder-Oder nicht mehr die Rede sein kann. Nicht etwa deshalb, weil er gewählt hätte, sondern weil er es unterlassen hat zu wählen.

Deshalb ist der Augenblick der Wahl für mich so überaus ernst. Nicht wegen des strengen Durchdenkens dessen, was sich in der Wahl als getrennt erweist, nicht wegen der Vielfalt der Gedanken, die sich mit dem einzelnen Glied verknüpfen, sondern weil Gefahr besteht, daß es schon im nächsten Augenblick nicht mehr ganz in meiner Macht steht zu wählen.

Es gibt ja nicht diese Art Niemandsland, in dem das Leben zum Stillstand gebracht werden könnte. Denn wenn man nicht bewußt wählt, dann tut man es unbewußt, oder es wählen die dunklen Mächte in der

Persönlichkeit. Und eines Tages geht es nur weiter, wenn man zurückgeht.

Alles, was falsch gewählt wurde, muß dann zurückgenommen werden. Wie in jenem Märchen, wo die Menschen, die durch eine Musik verzaubert worden waren, das ganze Musikstück rückwärts spielen mußten, wenn sie von dem Zauber wieder frei werden wollten. Und das, glaube mir, ist überaus schwer.*

Natürlich wählst auch du, aber ästhetisch

Natürlich stellst auch du dich vor Entscheidungen: Soll ich Geistlicher werden oder Schauspieler? (Entweder – Oder?) Soll ich Jurist werden, Friseur oder Geldzähler bei der Bank? Zuweilen muß ich über dich lächeln, und doch ist es traurig, daß deine wahrlich ausgezeichneten Geistcsgaben sich derart zersplittern.

In dem Moment, wo dir das Hin- und Hergerissensein zuviel wird und dir alles egal ist, wählst du. Oft freilich nicht, wie du wohl selber zugeben wirst,

---

*Die „Elfenkönigin-Weise“, die einem norwegischen Märchen nach viele der guten Musiker zwar kennen, aber sich zu spielen hüten. Denn sobald sie erklingt, werden Jung und Alt gezwungen zu tanzen, und der Spieler kann nicht aufhören zu spielen, bis er entweder in der Lage ist, das ganze Stück fehlerfrei rückwärts zu spielen, oder bis jemand hinter ihn tritt, um die Saiten der Violine zu zerschneiden. (Vgl. Kommentar zu Sören Kierkegaard, *Entweder – Oder, Teil I und II*, München 1996, S. 1008.)

„das bessere Teil". *Eigentlich* hast du gar nicht gewählt. Du hast uneigentlich gewählt, im uneigentlichen Sinne. Denn deine Wahl ist eine ästhetische Wahl. Eine ästhetische Wahl aber ist keine wirkliche Wahl. Da das einzige absolute Entweder-Oder, das es gibt, die Wahl zwischen Gut und Böse ist, ist das Wählen im eigentlichen Sinne Sache des Ethischen.

Wähle, aber wähle ethisch

Wer ästhetisch wählt, hat in der Regel eine größere Auswahl, denn er wählt für den Moment und kann deshalb im nächsten Moment wieder etwas anderes wählen. Wer ethisch wählt, wählt dafür entschieden. Er hat meist keine so bedeutende Auswahl. Dagegen hat der Akt der Wahl für ihn weit mehr zu bedeuten. Und selbst wenn er sich in seiner Wahl irrte, hat er doch nach bestem Gewissen gewählt. Und allein schon dadurch wird das Wesen dieses Menschen gereinigt und in ein unmittelbares Verhältnis zu der ewigen Macht gebracht, die das ganze Dasein allgegenwärtig durchdringt. – So zu wählen bedeutet deshalb eine Art Weihe, die der, der bloß ästhetisch wählt, niemals erreicht.

Mit der Hartnäckigkeit eines Cato* rufe ich dir deshalb mein Entweder-Oder zu. Ich möchte dich begeistern. Nicht zu einer Tätigkeit des Denkens, denn daran daran fehlt es dir nicht, sondern für den

---

* mit der dieser die Zerstörung Karthagos forderte

Ernst der Wahl. Sicher wird dir auch ohne sie im Leben Leistung möglich sein. Vielleicht kannst du die Welt in Erstaunen setzten, vielleicht sogar die ganze Welt gewinnen. Aber du wirst Gefahr laufen, dich selbst zu verlieren.

Es geht also darum, zuerst einmal die Wahlmöglichkeit als solche zu sehen. Erst danach tritt der Inhalt dessen, was man wählen kann, in Erscheinung, das Gute wie das Böse. Und jetzt wählt der, der ethisch wählt, das Gute.

Eigentlich kannst du nur wählen, wenn du ethisch wählst

Indem ich die Begriffe *ethisch* und *äshetisch* vor dich hinstelle und darlege, daß der Mensch entweder ästhetisch oder ethisch lebt, könnte es so aussehen, als hätte man sich bereits für das eine oder das andere entschieden, also gewählt. Im strengeren Sinne kann hier jedoch noch nicht von einer Wahl die Rede sein. Denn wer ästhetisch lebt, der wählt nicht. [Er läßt sich treiben.] Und wer, nachdem sich ihm das Ethische bereits gezeigt hat, wieder ästhetisch lebt, der unterliegt auch dann ethischen Bestimmungen, wenn sein Leben als unethisch bezeichnet werden muß, das heißt, er lebt jetzt nicht mehr ästhetisch, sondern er sündigt.

Mein Entweder-Oder gilt somit nicht der Wahl zwischen Gut und Böse, sondern betrifft die Wahl selber, durch die man Gutes oder Böses wählt – oder aber sich dieser Wahl enthält. Denn das Ästhetische ist nicht das Böse, es ist die Unentschiedenheit, die Indifferenz.

Du siehst, ich will dich nicht dahin bringen, das Gute zu wählen, sondern nur dahin, zu wählen. Allein darum dreht sich alles. Denn wenn ein Mensch erkennt, daß es für ihn keinen Ausweg mehr gibt als den, sich für einen der Wege zu entscheiden, dann wählt er den rechten.

Ist der Mensch in seiner Willensentscheidung überhaupt frei?

Die Philosophie, indem sie die *äußere Tat* des Menschen betrachtet, stellt die Wahl- und Willensfreiheit in Frage. Tatsächlich ist die Geschichte der Menschheit mehr als das Produkt von freien Handlungen freier Individuen. Denn die einzelne Handlung des einzelnen Individuums geht ein in die Ordnung der Dinge, die das ganze Dasein trägt, in diese höhere Ordnung, welche die freien Handlungen sozusagen verdaut und sie in ihren ewigen Gesetzen miteinander verarbeitet. Und dies vollzieht sich mit Notwendigkeit, nicht in Freiheit. Für den geschichtlichen Prozeß ist daher von einem Entweder-Oder nicht die Rede.

Über das dagegen, was man *die innere Tat* des Menschen nennen könnte, macht die Philosophie keine Aussagen. Dennoch wird es wohl keinem Philosophen einfallen, die Bedeutung zu leugnen, die dieses Entweder-Oder für das handelnde Indivduum hat. Die innere Tat ist das wahre Leben der Freiheit. Die innere Tat gehört dem Menschen selbst und wird ihm in alle Ewigkeit gehören.

Diese Tat kann die Geschichte ihm nicht nehmen. Sie folgt ihm nach, entweder zur Freude oder zur Trübsal. Und in dieser inneren Welt herrscht ein absolutes Entweder-Oder.

So hat der Mensch eigentlich eine Doppelexistenz: *eine äußere Geschichte*, die mehr ist als nur ein Produkt seiner eigenen freien Handlungen, und *sein inneres Leben*, in dem er als freier Mensch freie Entscheidungen treffen kann.

Mit dieser Welt aber hat es die Philosophie nicht zu tun.*

Nur indem man absolut wählt, wählt man ethisch

Du siehst, mir geht es um die Freiheit, ja, ich kämpfe für sie. Und die Freiheit liegt in der Möglichkeit des echten Entweder-Oder. Das zu sehen ist der Schatz, den ich denen zu hinterlassen gedenke, die ich in der Welt liebe. Das ist das, was ich meinem Sohn sagen würde, wenn mein letztes Stündlein gekommen wäre: Ich hinterlasse dir nicht Vermögen, nicht Titel, nicht Würden. Aber ich weiß, wo ein Schatz begraben liegt. Und dieser Schatz gehört dir: das Entweder-Oder in deinem eigenen Innern, das den

* Seit Kierkegaard allerdings doch, ausgehend von ihm entstand eine philosophische Richtung, die Existenzphilosophie, die es genau damit, mit dem, was unserem äußeren Verhalten innerlich *eigentlich* zugrunde liegt, zu tun hat.

Menschen größer macht als die Engel. – So wie einem Menschen, der einmal geliebt hat, dies seinem Wesen etwas an Harmonie verleiht, das sich nie mehr ganz verliert, so verleiht einem Menschen, wenn er wählt, diese Wahl eine Feierlichkeit, eine stille Würde, die sich auch nie mehr ganz verlieren kann. Und eben dazu möchte ich dich erwecken. Bis zu diesem Punkt kann ein Mensch dem anderen helfen. Ab da wird die Bedeutung, die ein Mensch für einen anderen haben kann, nebensächlicher.

Das Große ist nicht, dieses oder jenes, sondern man selbst zu sein

Manch einer legt außerordentlichen Wert darauf, irgendein bemerkenswertes, welthistorisches Individuum von Angesicht zu Angesicht erblickt zu haben. Diesen Eindruck vergißt er nie. Er hat der Seele ein ideales Bild geschenkt, das ihr Wesen adelt. Und doch ist selbst dies – wie bedeutungsvoll es auch sein mag – nichts gegen den Augenblick der Wahl. Wenn alles still um einen geworden ist, feierlich wie eine sternklare Nacht, wenn die Seele allein ist in der ganzen Welt, da zeigt sich vor ihr nicht ein ausgezeichneter Mensch, sondern die ewige Macht selbst. Da tut sich gleichsam der Himmel auf, und das Ich wählt sich selbst. Oder richtiger: Es empfängt sich selbst. – Nun hat die Seele das Höchste erlebt, etwas, was sie nie mehr vergessen kann, den Ritterschlag, der sie für eine Ewigkeit adelt. Zwar wird der Mensch jetzt kein anderer als zuvor, aber das Bewußtsein schließt sich zusammen und überwindet alle Spaltung. Der Mensch wird er selbst.

Wie ein Erbe, und wäre er auch der Erbe aller Schätze der Welt, sie doch nicht besitzt, bevor er mündig geworden ist, so ist selbst die reichste Persönlichkeit nichts, bevor sie sich selbst gewählt hat. Und andererseits ist selbst das, was man die ärmste Persönlichkeit nennen müßte, alles, wenn sie sich nur selbst gefunden hat. Denn das Große ist nicht, dieses oder jenes, sondern man selbst zu sein. Und das kann jeder Mensch, wenn er es will.

Da der Mensch nicht ein anderes Wesen, sondern sich selbst wählt, wird er durch seine Wahl nicht ein anderer, sondern er selber. Zwar wird das Ästhetische für den Augenblick dieser Wahl in seiner Bedeutung *absolut* ausgeschlossen. Aber damit geht es der Person nicht verloren. *Relativ* bleibt es erhalten und kehrt nach der Wahl – allerdings entthront – in seiner Gesamtheit zurück.

Und du wirst sehen, daß erst damit das Dasein schön wird, und daß es einem Menschen erst auf diesem Weg gelingen kann, sowohl seine Seele als auch die ganze Welt zu gewinnen (womit gemeint ist, die Welt zu gebrauchen, ohne sie zu mißbrauchen).

Erst wenn du dich selbst absolut wählst, bekommst du ein Bewußtsein davon, wer du wirklich bist. Im ersten Augenblick der Wahl tritt zwar die Persönlichkeit so nackt hervor wie das Kind aus der Mutter Schoß, aber dann wird der Mensch ganz derselbe, der er zuvor war, bis auf die unbedeutendste Eigentümlichkeit. Dein Selbst behält seine reiche Konkretion, seine Vielfalt von Bestimmungen, von Eigenschaften. Kurz: Dir bleibt das ganze ästhetische Selbst, wenn es ethisch gewählt ist.

Und doch wirst du ein anderer. Denn erst jetzt besitzt du dich als von dir selbst gewählt, als frei. Je mehr dein konkretes Selbst durch diese Wahl in deinem Bewußtsein Wirklichkeit geworden ist, umso mehr wirst du die Bedeutung selbst des Unbedeutenden wahrnehmen, nicht im endlichen Sinne, sondern im unendlichen. Denn die Wahl durchdringt alles und verwandelt es.

Und nun zeigt sich die absolute Differenz, nämlich die zwischen gut und böse. Solange der Mensch sich nicht selbst gewählt hat, ist diese Differenz zwischen gut und böse latent.

Die Differenzen unter den Ästhetikern können außerordentlich sein

Das Ästhetische in einem Menschen ist das, wodurch er unmittelbar ist, was er ist. Das Ethische dagegen ist das, wodurch er wird, was er wird. [Es ist „Weg".] Wer in und von dem Ästhetischen, durch und für das Ästhetische in ihm lebt, der lebt ästhetisch. Und er tut es mit dem Ziel, sein Leben zu genießen.

Dabei kann auch der Ästhetiker über eine Vielfalt von Geistesgaben verfügen. Dir zum Beispiel habe ich ausgezeichnete Geistesgaben niemals abgesprochen. Du bist witzig, ironisch, ein Beobachter, ein Dialektiker, im Genuß erfahren. Du weißt den Augenblick zu berechnen. Du bist herzlich oder herzlos – je nachdem, was dir gerade angebracht erscheint.

Bei all dem bist du allerdings fast ausschließlich von den momentanen Umständen bestimmt. Wollte jemand die Kunst des Genießens lernen, so wäre er bei dir an der richtigen Adresse. Denn nicht selten hört man dich über die Leute spotten, daß sie das Leben nicht zu genießen wüßten, während du von dir selbst glaubst, dazu von Grund auf fähig zu sein.

Wünschte einer dagegen sein Leben zu *verstehen*, so fände er, obwohl ich keineswegs im Besitz deiner Geistesgaben bin, vielleicht eher bei mir, was er sucht. Denn du bist verstrickt und hast gleichsam keine Zeit, dich loszureißen. Ich bin nicht verstrickt, weder in meinem Urteil über das Ästhetische, noch in dem über das Ethische.

Das Ästhetische nun wird, je nachdem, was für die Person Genuß bedeutet, vielfältig variiert. Die Differenzen unter den Ästhetikern können daher außerordentlich sein, angefangen von völliger Geistlosigkeit bis zur Fähigkeit, im höchsten Grade geistreich zu sein. (Allerdings wird in dem Fall der Geist des Menschen nicht als Geist bestimmt, sondern als Gabe.) – Wie groß nun die Differenzen innerhalb des Ästhetischen auch sein mögen, alle Stadien haben doch das eine gemeinsam: die Absicht, das Leben zu genießen.

Das wirft dich nun in einen Topf mit solchen Menschen, denen du dich keineswegs zugesellen möchtest. Ich leugne nicht, daß es unangenehm sein muß, die Lebensanschauung mit jedem Zechbruder gemeinsam zu haben. Ganz ist es wohl auch nicht der Fall. (Denn bis zu einem gewissen Grad gehst du über den ästhetischen Bereich hinaus, wie sich später noch zeigen wird.)

Das Territorium der ästhetischen Lebensanschauungen

Wer sich nun derart absolut dem Genuß verschreibt, der macht sich (und ich bitte dich, dir diese Ausdrücke ein wenig zu merken, denn ich habe sie sehr bewußt gewählt) abhängig von Bedingungen, deren Erfüllung nicht in seiner Macht steht. Diese Bedingungen, von denen sich das ästhetische Individuum abhängig gemacht hat und deren Erfüllung nicht in seiner Macht liegen, können *außerhalb* seiner selbst oder *in ihm* liegen.

Nehmen wir als erstes eine Lebensanschauung, durch die die Persönlichkeit nicht geistig, sondern physisch bestimmt ist, etwa die, die lehrt, daß *Gesundheit* das köstlichste Gut sei, Gesundheit also dasjenige ist, worum sich für den Betroffenen alles dreht. – Einen poetischeren Ausdruck erhält die physisch bestimmte Lebensanschauung, wenn es heißt, *Schönheit* sei das Höchste.

Beide Sichtweisen stimmen darin überein, daß das Leben durch Bedingungen bestimmt wird, die *im* Individuum liegen, aber von ihm nicht gesetzt werden können.

Wir gehen weiter und kommen zu Anschauungen, welche ebenfalls lehren, daß man das Leben genießen solle, während die Bedingung dafür gleichfalls nicht in der Macht des Individuums liegen, diesmal aber *außerhalb* seiner selbst zu finden sind. Dies ist bei jeder Lebensanschauung der Fall, in welcher *Reichtum, Ehre, Adel* usw. zur Aufgabe und zum Inhalt des Lebens erhoben werden.

Auch eine gewisse Art von *Verliebtheit* möchte ich hier erwähnen. Denken wir uns ein junges

Mädchen, von ganzer Seele verliebt, für das nichts – weder im Himmel noch auf Erden – Bedeutung hätte außer dem Geliebten, so wäre das ebenfalls eine ästhetische Lebensanschauung, in welcher die Bedingung außerhalb des Individuums selbst gelegen ist. (Du hättest Recht mit dem Einwand, daß so etwas nur in Romanen vorkomme, dabei ist jedoch durchaus denkbar, daß eine solche Liebe bei vielen als etwas Außerordentliches gilt, während ich sie doch nicht billigen kann. Der Grund dafür wird noch deutlicher werden.)

Eine weitere Lebensanschauung, welche lehrt, daß man das Leben genießen solle, während die Bedingung dafür *im* Individuum selbst liegt (allerdings nicht im Körperlichen, aber auch wieder so, daß sie nicht durch es selbst gesetzt ist): Die Anschauung, eine Persönlichkeit sei vorwiegend als *Talent* bestimmt. Denke dir ein praktisches Talent, ein merkantilisches Talent, ein mathematisches, ein dichterisches, ein künstlerisches, ein philosophisches Talent. Die Befriedigung im Leben, der Genuß, wird in all diesen Fällen in der Entfaltung dieses Talentes gesucht. Vielleicht bleibt man bei dem Talent in seiner Unmittelbarkeit nicht stehen, man bildet es auf jede Weise aus. Die Bedingung für die Befriedigung im Leben aber ist das Talent selbst.

Daß du eine andere Anschauung vom Genuß des Lebens hast, ist unleugbar. Aber das ist jetzt nicht das Wesentliche. Worauf ich hinweisen will, ist, daß man – so oder so – , aber immer auf eine *bestimmte* Weise, das Leben genießen möchte.

Kaiser Nero

Bei den bisher genannten Lebensanschauungen gründet sich der Genuß auf etwas einzelnes. Demgegenüber gibt es auch die Möglichkeit, den Genuß in der Vielfalt, im Vielerlei zu suchen. Als Beispiel nenne ich dir jenen allmächtigen Mann, vor dem eine Welt sich beugte, der sich stets umringt fand von einer zahllosen Schar hilfsbereiter Boten der Lust: den römischen Kaiser Nero.

Du hast einmal mit gewohnter Tollkühnheit geäußert, man könne es Nero nicht verdenken, daß er Rom abgebrannt habe, um eine Vorstellung vom Brande Trojas zu bekommen. Doch müsse man fragen, ob er nun auch wirklich Kunstverstand genug besessen habe, um es ganz genießen zu können.

Ich weiß sehr wohl, daß du, ebenso wie ich, wahrscheinlich sogar Nero selbst, im Grunde vor einer solch barbarischen Vorstellung zurückschauderst. Und doch würde ich hier keinem Menschen raten, sich im strengsten Sinn Kraft genug zuzutrauen, kein Nero zu werden.

Ich stelle mir also den kaiserlichen Wollüstling vor. Er ist nicht nur, wenn er seinen Thron besteigt oder zur Ratsversammlung geht, von Liktoren umgeben, sondern vor allem auch dann, wenn er auszieht, um seine Lüste zu befriedigen, damit sie seinem Raubzug den Weg bahnen. Ich stelle ihn mir schon etwas älter vor. Seine Jugend ist vorüber. Der leichte Sinn ist von ihm gewichen. Und er ist bereits vertraut mit jeder nur denkbaren Lust, ist ihrer müde. Dieses Leben aber, wie verderbt es auch sein möge, hat seine Seele gereift.

Und doch ist er trotz all seines Weltverstandes, trotz all seiner Erfahrenheit, innerlich noch ein Kind. Die Unmittelbarkeit seines Geistes fordert einen Durchbruch, eine höhere Daseinsform. Dies könnte aber nur geschehen, wenn in einem bestimmten Augenblick der Wahl die Macht und Herrschaft des Kaisers, die ihm Glanz verleiht, vor dem Neuen, das da durchbrechen will, in den Hintergrund träte. Aber dazu hat er nicht den Mut. Und deshalb greift er nach der Lust.

Die Klugheit aller Welt muß ihm immer neue Lüste ersinnen. Denn nur im Augenblick der Lust findet er Ruhe. Und ist dieser vorüber, so keucht er vor Mattigkeit. Der Geist will immerfort durchbrechen. Aber immerfort wird er betrogen. Nero speist ihn ab mit der Sättigung der Lust.

Da sammelt sich der Geist in ihm gleich einer dunklen Wolke. Sein Zorn ruht schwer auf Neros Seele und wird zu einer Angst, die auch im Augenblick des Genusses nicht weicht. Darum ist sein Auge so finster, daß niemand seinen Blick erträgt.

Man nennt diesen Blick einen *kaiserlichen Blick*, die ganze Welt erbebt davor. Und doch ist das innerste Wesen dieses Menschen Angst. Der prüfende Blick eines Kindes kann ihn entsetzen. Der Geist in ihm will, daß er sich selber in seinem Bewußtsein habe. Aber das kann er nicht. Und so wird der Geist zurückgepreßt und sammelt neuen Zorn. Denn Nero besitzt sich selber nicht. Und nur wenn die Welt vor ihm erbebt, ist er beruhigt. Im Augenblick der Lust nur findet er Zerstreuung. Das halbe Rom brennt er nieder, seine Qual aber bleibt die gleiche.

Was können wir beide von ihm lernen? Daß eines Menschen Unglück niemals darin liegt, daß er nicht die Macht hat, die äußeren Bedingungen seines Lebens zu verändern. Nero hätte alle Macht dazu gehabt. Nein, diese Macht zu haben, sich die Umstände zu arrangieren, wie man sie braucht, würde uns eher vollends unglücklich machen.

Schwermut

Vielleicht verstehst du jetzt, was Schwermut ist: Sie ist die Aufgeregtheit des Geistes.

Es kommt im Leben des Menschen ein Augenblick, da die Unmittelbarkeit gleichsam reif geworden ist und wo der Geist eine höhere Form fordert, da er sich selbst als Geist ergreifen will. In seiner unmittelbaren Form hängt der Geist in einer gewissen Verbundenheit mit dem ganzen irdischen Leben zusammen. Nun will sich der Geist gleichsam aus dieser Zerstreutheit heraus sammeln und sich in sich selbst erklären, die Persönlichkeit will sich ihrer selbst in ihrer ewigen Gültigkeit bewußt werden.

Wenn diese Absicht unterdrückt wird, tritt Schwermut ein. – Man kann vieles tun, um eine solche Schwermut in Vergessenheit zu bringen. Man kann arbeiten, man kann zu harmloseren Mitteln greifen als ein Nero. Die Schwermut bleibt. In ihr liegt für den Betroffenen etwas Unerklärliches.

Wer Trauer oder Kummer hat, der weiß, warum er traurig oder bekümmert ist. Fragt man dagegen einen Schwermütigen, was denn so schwer auf ihm laste, so wird er antworten: „Das weiß ich nicht. Ich kann es nicht erklären." Diese Antwort ist richtig. Denn sobald er es weiß, ist die Schwermut behoben. (Wobei die Trauer des Traurigen durchaus nicht behoben ist, wenn er weiß, warum er traurig ist.)

Schwermut aber ist Sünde, nicht *eine*, sondern *die* Sünde. Schwermut ist die Mutter aller Sünden, nämlich die, tief und innerlich *nicht zu wollen*.

Diese Krankheit, oder vielmehr diese Sünde, ist überaus verbreitet. Ich will dich nicht reizen und gebe zu, daß Schwermut in gewissem Sinn kein übles Zeichen ist, denn sie befällt im allgemeinen nur die begabtesten Naturen. Wer aber zu den besonders Begabten zählen will, der muß es sich auch gefallen lassen, daß ich die Verantwortung auf ihn lege, daß er auch schuldiger sein kann als andere. – Recht betrachtet ist diese Schwermut auch keine Herabsetzung desjenigen, der von ihr befallen ist, wiewohl sie ihn lehren wird, sich in wahrer Demut unter die ewige Macht Gottes zu beugen. Sobald dies in aller Ernsthaftigkeit geschehen ist, ist die Schwermut überwunden.

Natürlich kann demselben Individuum noch mancherlei Kummer und Leid widerfahren, die nicht als Schwermut zu bezeichnen sind. Auch wird selbst der, dessen Leben vollkommen ruhig und friedlich läuft, doch stets ein wenig Schwermut behalten, denn das hängt mit etwas weit Tieferem zusammen und liegt daran, daß kein Mensch sich selber gänzlich durchsichtig zu werden vermag. Menschen hingegen, deren Seele gar keine Schwermut ahnt, sind diejenigen, deren Seele auch keine Metamorphose kennt. Mit ihnen habe ich hier nichts zu schaffen, denn ich schreibe ja nur über dich und an dich.

Ich denke, daß dich meine Erklärung der Schwermut zufriedenstellt. Denn du wirst wohl kaum mit manchen Ärzten darin übereinstimmen, daß die Schwermut im Leiblichen liege (was freilich höchst sonderbar ist, weil die Ärzte sie trotzdem nicht beheben können). – Nein, nur der Geist kann die Schwermut beheben, denn sie liegt im Geist.

Und wenn der Geist sich selbst findet, dann verschwinden alle kleinen Kümmernisse, jene Gründe, die einige für die Ursache ihrer Schwermut halten: daß man sich etwa nicht in die Welt hineinfinde, daß man sowohl zu spät als auch zu früh auf die Welt gekommen sei, daß man seinen Platz im Leben nicht finden könne. Denn wer sich selbst ewig zu eigen hat, der kommt weder zu spät noch zu früh auf die Welt. Und wer sich selbst in seiner ewigen Gültigkeit besitzt, findet wohl auch seine Bedeutung im Leben.

Zurück zum Territorium der ästhetischen Lebensanschauungen

Wir sind noch bei den verschiedenen Möglichkeiten der ästhetischen Lebensanschauung, der es immer darum geht, Lust zu befriedigen. Dieser Lebensanschauung ist eigen, die Person in ihrer zufälligen Unmittelbarkeit zu belassen. Und sie dringt nicht in die Persönlichkeit selbst ein. Auch dann nicht, wenn sie lautet (und das ist eine weitere Variante): „Genieße dich selbst“, womit gemeint ist, daß das

Individuum durch ein *ganz bewußtes* Genießen den *bloß unmittelbaren* Genuß noch übertreffen kann.

Da es nicht heißt, „Erlebe dich selbst, wie du bist“, sondern „Genieße dich selbst“, ist wieder eine Bedingung gesetzt, deren Erfüllung nicht in der Macht des Individuums liegt.

Um herauszufinden aus diesem Dilemma (ohnmächtig zu sein, was die Erfüllung der Bedingungen des Genusses betrifft, aber dennoch im Genießen bleiben zu wollen), gibt es nun sozusagen als letzte List auch noch die Lebenseinstellung: „Genieße dich selbst, indem du ständig die Bedingungen, die du eigentlich an ein genußvolles Dasein stellen würdest, fortwirfst.“

Diese Lebensanschauung, die darin besteht, so bedürfnislos wie möglich zu werden, wird von der Person jedoch damit bezahlt, daß sie sich nach und nach gleichsam selbst aushöhlt. Zudem, versteht sich, bleibt der, der sich im Fortwerfen jeder Bedingung selbst genießt, ebenso abhängig von Bedingungen wie der, der auf ihrer Erfüllung besteht.

Mit diesen Betrachtungen glaube ich nun, das Territorium der ästhetischen Lebensanschauungen für dich deutlich genug wenigstens umrissen zu haben. Alle Stadien haben gemeinsam, daß das, wofür man lebt, gleichzeitig dasjenige ist, wodurch man sich selbst definiert.

Und selbst wenn sich die Bedingungen erfüllen ließen?

Nehmen wir an, die verschiedenen Möglichkeiten der ästhetischen Lebensweise seien erfolgreich, was sie natürlich nur in den allerseltensten Fällen sein werden. Nehmen wir dennoch an: Der, dem seine Gesundheit das Wichtigste ist, sei bis zum Tode gesund. Diejenigen, die sich von ihrer äußeren Schönheit her bestimmen, blieben schön bis ans Ende, derjenige, in dessen Leben sich alles um den Reichtum dreht, bliebe reich. Ehre und Würde hätten den, der so viel Wert auf sie legt, sein Leben hindurch begleitet. Das junge Mädchen habe den bekommen, den sie liebte. Das merkantilische Talent habe alle fünf Weltteile mit seinen Verbindungen umspannt und alle Börsen der Welt in seiner Börse gehabt, das mechanische Talent habe Himmel und Erde miteinander verbunden. Nehmen wir auch an, Nero habe niemals gekeucht, sondern in jedem Augenblick habe ihn neuer Genuß überrascht. Und jener schlaue Zyniker habe immerfort Bedingungen gehabt, die er wegwerfen konnte, um sich seiner Leichtigkeit zu freuen.

Wäre all das eine Garantie des Glückes für jene Menschen?

Das würdest du wahrscheinlich nicht sagen. Aber du würdest mir zugestehen, daß viele so denken, ja, daß mancher sich einbilden würde, etwas überaus Gescheites gesagt zu haben, wenn er hinzufügte: „Was diesen Menschen noch zum Glück gefehlt hat, ist, daß sie es nicht zu schätzen wußten."

Und wenn sich die Bedingungen nicht erfüllen?

Nehmen wir jetzt einmal das Entgegengesetzte an: Nichts von alledem trifft ein. Die Bedingungen, die man gesetzt hat, erfüllen sich nicht. Was dann? – Dann verzweifeln die Menschen. (Gehst du so weit mit? Oder soll ich sagen: Die meisten würden es dann in der Ordnung finden zu verzweifeln?)

Sehen wir nun zu, warum sie verzweifeln, wenn sie verzweifeln. Etwa deshalb, weil sie entdeckt hätten, daß das, worauf sie ihr Leben gründen, vergänglich ist? Mit diesem Gedanken wäre nichts Neues hinzugekommen. Wenn sie also verzweifeln, so muß es an etwas anderem liegen: Es muß daran liegen, daß sie schon zuvor verzweifelt waren. Der Unterschied ist lediglich der, daß sie es nicht wußten. Aber eine Tatsache nicht zu kennen, ändert an dieser Tatsache nichts.

Ist es mir gelungen, dir zu zeigen, daß jede ästhetische Lebensanschauung nicht nur in Verzweiflung führt, sondern bereits Verzweiflung ist (ob nun der, der ästhetisch lebt, es weiß oder nicht)?

Mit dem Thema Verzweiflung kommt die Reihe nun an dich

Die Verzweiflung selbst, zur Haltung geworden, muß ebenfalls zu den ästhetischen Lebensanschauungen gerechnet werden, denn auch in ihr verharrt die Persönlichkeit in ihrer zufälligen Unmittelbarkeit.

Somit ist die Verzweiflung die letzte ästhetische Lebensanschauung. Denn das Individuum, das bei der Verzweiflung angelangt ist, hat bis zu einem gewissen Grade die Nichtigkeit der ästhetischen Lebensweise begriffen.

Mit dieser letzten und subtilsten ästhetischen Lebensanschauung, die ich im folgenden auf das Sorgfältigste erörtern will, kommt die Reihe nun an dich. Allem, was ich im Vorherigen dargelegt habe, kannst du wahrscheinlich ohne weiteres beipflichten. Und das ist auch der Grund, weshalb ich es vorgebracht habe: daß ich den Rücken frei haben und dich hindern möchte, gedanklich abzuspringen, bevor ich noch zu dieser letzten Lebensanschauung gekommen bin, die am entschiedensten dich betrifft: der Verzweiflung selbst.

Allerdings gibt es einen Unterschied zwischen Verzweiflung und Verzweiflung. Denke dir einen Maler, der erblindet. Da könnte es sein, daß dieser verzweifelt. Falls ihm jedoch seine Sehfähigkeit zurückgegeben würde, würde die Verzweiflung aufhören. Deine Verzweiflung ist anderer Art.

Soweit ich dich kenne, bist du ein Hasser aller Tätigkeit. Das ist verständlich, denn damit Tätigkeiten einen Sinn haben, muß das Leben Kontinuität besitzen, und die fehlt deinem Leben. Du beschäftigst dich mit deinen Studien, das ist wahr. Du bist sogar fleißig, aber nur so weit dein Interesse reicht. Im Übrigen bist du müßig.

Du läßt die Geschehnisse an dir vorüberziehen. Das meiste macht keinen Eindruck auf dich. Dann aber kommt plötzlich etwas, was dich packt, eine Idee, eine Situation, das Lächeln eines jungen Mädchens. Jetzt bist du dabei und in jeder Weise zu Dienten.

Soll eine Idee durchdacht, ein Werk durchgelesen, ein Plan ausgeführt, ein kleines Abenteuer erlebt, ja ein Kleidungsstück gekauft werden, so packst du die Sache mit ungeheurer Kraft an.

Du arbeitest unverdrossen und genau so viel, wie du von vornherein für das Maximum hältst. Ist das halbe Jahr um, so brichst du ab. Du ziehst dich zurück und überläßt die Arbeit anderen. Nun bildest du dir ein, du habest die Lust verloren und schmeichelst dir mit dem eitlen Gedanken, daß du mit gleicher Intensität hättest weiterarbeiten können, wenn du Lust dazu gehabt hättest. Das aber ist ein ungeheurer Selbstbetrug.

Natürlich wäre es dir wie den meisten anderen gelungen, fertig zu werden, wenn du nur geduldig gewollt hättest. Aber dann hättest du zugleich auch erfahren, daß sich in dir eine andere Art von Ausdauer gebildet hätte. Leider kommt es dazu nicht. Du brichst ab und lernst nichts für dein Leben. Und wenn du die nächste Sache anfaßt, stehst du wieder am Anfang.

Wärst du immer so stark, wie du im Augenblick der Leidenschaft bist, so wärst du, das will ich nicht leugnen, der stärkste Mensch, den ich je gekannt habe. Doch das bist du nicht. Das weißt du selbst. Denn die Kraft, aus der du lebst, ist die Kraft der Verzweiflung. Diese Kraft ist intensiver als gewöhnliche menschliche Kraft. Aber sie hält auch nur kürzer vor. – In einer bestimmten Hinsicht, nämlich im ästhetischen Sinne, bist du mit dem Leben fertig. Und das, womit du im Leben wirklich zufrieden bist, ist die absolute Unzufriedenheit.

In gewissem Sinne hast du damit recht, denn nichts Endliches, nicht die ganze Welt vermag eines

Menschen Seele zu befriedigen, die Verlangen nach dem Ewigen fühlt. So weit bist du schon. Würde man dir Ruhm und Ehre anbieten, die Bewunderung der Mitwelt, und das ist doch dein schwächster Punkt, so würdest du erwidern: „Ja für eine Weile wäre das ganz schön." Eigentlich begehren würdest du es nicht.

Dein Geist läßt seiner nicht spotten

Nein, dein Geist läßt seiner nicht spotten. Er rächt sich an dir, er bindet dich in die Fessel der Schwermut. Mein Freund, hier wäre der Weg, ein Nero zu werden, vorausgesetzt, in deiner Seele wäre nicht gleichzeitig die dir eigene Großzügigkeit, ein ursprünglicher Ernst und eine angeborene Tiefe, und – auch das vorausgesetzt – du könntest Kaiser in Rom sein.

Das Dunkel der Schwermut verdichtet sich um dich. Und der Blitz eines Witzes zeigt es dir nur noch deutlicher. Die Lust lockt dich nicht. Und wie traurig dein Zustand auch sei, es ist ein großes Glück, daß sie es nicht tut.

Es ist nicht etwa meine Absicht, den Stolz in dir zu preisen, der die Lust verachtet, wohl aber die Gnade zu würdigen, die dich hält. Denn wenn die Lust dich lockte, dann wärst du verloren. Daß sie dich aber nicht lockt, das zeigt, welchen Weg du gehen, daß du vorwärts sollst und nicht zurück.

In einem Sinne ist dieses Leben Verzweiflung, in einem anderen nicht. Du bist zu leichtsinnig, um zu verzweifeln und zu schwermütig, um mit der Verzweiflung nicht in Berührung zu kommen. Du wirkst auf mich wie eine Gebärende, die in ihrer Not auf die Idee kommt, daß das, was sie gebären soll, ein Ungeheuer sein könnte. Im Gegensatz zu dir könnte diese Frau den Fortgang des Gebärens nicht aufhalten. In deinem Falle steht das Gebären jedoch in deiner eigenen Macht.

Aber was fürchtest du? Du sollst ja keinen anderen Menschen, du sollst nur dich selbst gebären.

Und doch, ich weiß es wohl, liegt ein Ernst darin, sich seiner selbst in seiner ewigen Gültigkeit bewußt zu werden, der die ganze Seele erschüttert. Man fühlt, es ist ein Augenblick, der bedeutsamer ist als alles auf der Welt. Es ist, als würdest du gefangen und umstrickt und könntest nun nie mehr – in Zeit und Ewigkeit nicht – entrinnen. Dir ist zumute, als ob du deine Entscheidung bereits im nächsten Augenblick bereuen müßtest, aber sie ließe sich dann nicht mehr rückgängig machen. Es ist, als verlörest du dich selbst, als hörtest du auf zu sein.

Ja, es ist ein ernster und bedeutungsvoller Augenblick, das Ja zu sprechen, mit dem man sich für eine Ewigkeit lang an Gottes unbegrenzte Macht bindet, dieser Augenblick, da man sich in untrüglichem Sinne seiner selbst als der bewußt wird, der man ist, dessen Andenken nun keine Zeit mehr auslöschen kann. – Jedoch, man kann es ja lassen. Siehe, hier liegt ein Entweder-Oder.

Du bist frei

Da du frei bist, kannst du natürlich fortfahren, deine Seele mit dem Tand des Witzes und der Eitelkeit des Geistes zu ergötzen. Geh auf Reisen, wirb um das Lächeln wollüstiger Frauen, kühle ihr heißes Blut mit der Kälte deiner Späße. Mache es dir zur Lebensaufgabe, einer gelangweilten Göre die schlechte Laune zu vertreiben oder einem entkräfteten Wollüstling die trüben Gedanken. Vergiß, daß du ein Kind warst, das Frömmigkeit in seiner Seele und Unschuld in seinem Geist hatte, betäube jede höhere Stimme in deiner Brust, verdämmre dein Leben in der glänzenden Armseligkeit von Spelunken, vergiß, daß ein unsterblicher Geist in dir ist, quäle deine Seele bis zum Äußersten. – Und wenn dann der Witz verstummt, dann gibt es ja immer noch Möglichkeiten, sein Leben zu beenden.

Kannst du das aber nicht, willst du es nicht – und du kannst es weder, noch willst du es – so sammle dich. Ersticke die Gedanken des Hochverrates gegen dein besseres Wesen, verachte jene Erbärmlichkeit, die deine Geistesgaben für sich begehrt, um einen noch schlechteren Gebrauch davon zu machen, als du es bisher schon tust. Verachte auch die heuchlerische Tugend, die widerwillig des Lebens Last trägt und dennoch geehrt sein will, weil sie sie trägt. Aber verachte darum das Leben nicht, achte jedes ehrliche Bemühen, jede bescheidene Tätigkeit. Und habe, laß mich auch das noch erwähnen, etwas mehr Ehrerbietung vor der Frau.

Ein anderer würde dir vielleicht raten: „Bist du verzweifelt? So heirate, dann verliert sich deine

Verzweiflung, denn dann hast du andere Sorgen." Allerdings fragt es sich, ob dir damit gedient wäre. Denn wie du auch über das andere Geschlecht denken magst, du denkst doch zu ritterlich, als daß du aus diesem Grunde heiraten würdest. Und außerdem: Kannst du dich selbst nicht halten, dann findest du den Halt auch nicht in einem anderen.

Oder man würde raten: „Suche dir ein Amt, stürze dich ins Geschäftsleben. Das zerstreut, und du wirst deine Schwermut vergessen. Arbeite, das ist das Beste." Vielleicht kann es dir auf diese Weise gelingen, die Verzweiflung vorübergehend zu vergessen, verschwunden ist sie nicht. Und aus diesem Grunde ein Amt zu wählen, wirst du auch zu ritterlich sein, denn das wäre ja eine ebensolche Falschheit wie die, aus diesem Grunde zu heiraten.

Ich habe nur eine Antwort: Verzweifle!

Was ist also zu tun, wenn weder der eine noch der andere Weg im eigentlichen Sinne Ausweg sein kann? Ich habe nur eine Antwort für dich: Verzweifle!

Meine Seele hängt wahrlich fest und unerschütterlich an diesem Leben und dessen Schönheit. Und so rufe ich dir mein „Verzweifle!" nicht zu, damit du im Zustand der Verzweiflung verharren sollst, sondern als eine Tat, die von der Seele ganze Kraft, ganzen Ernst und ganze Sammlung erfordert. Ja, ich gehe sogar so weit zu sagen, daß jeder Mensch, der nicht die Bitterkeit der Verzweiflung geschmeckt hat [sondern ihr nur immerzu zu entrinnen trachtet], den Sinn des Lebens verfehlt. Allerdings, wie es für eine Gebärende wichtig ist, sich in aller Sorgfalt vorzusehen, wenn sie ihr Kind zur Welt bringt, so ist es auch hier von äußerster Wichtigkeit, daß ein Mensch im Augenblick der Verzweiflung richtig einschätzt, was im Leben wirklich von Bedeutung ist.

Sind es Schuld und Frevel, ein beschwertes Gewissen, was einen Menschen zur Verzweiflung bringt, so wird er seine Freude vielleicht nicht so schnell wiedergewinnen. Dennoch sage ich auch hier: Verzweifle, verzweifle von ganzer Seele und mit deinem ganzen Denken. Je länger du es hinausschiebst, desto härter werden die Bedingungen, und die Forderung bleibt dennoch.

Oder du spürst, daß das Mädchen, das du liebst, zwar schön ist und den frohen Sinn der Jugend hat, dir aber geistig nicht gewachsen ist. Wie willst du jetzt mit diesem Unterschied zwischen euch umgehen, wenn du sie ernsthaft lieben willst und nichts zwischen euch stehen soll?

Du wirst deine Seele in Verzweiflung versinken lassen, nicht zuerst um deinet-, sondern um ihretwillen. Dabei wirst du erleben, daß die Verzweiflung die Differenz, die dich verzweifen läßt, verzehrt und daß du am Ende nicht nur dich, sondern auch das Mädchen, das du liebst, in seiner ewigen Gültigkeit gefunden hast. Denn wer verzweifelt, findet den ewigen Menschen, und darin sind wir alle gleich. – Kein Ritter wird von den gefahrvollsten Taten glücklicher und fröhlicher zurückkehren als du aus diesem Kampf.

Denn dir wird ja nicht eine solche Torheit in den Sinn kommen, etwa deinen Geist abstumpfen oder deine Bildung verraten zu wollen, um auf diese Weise die Gleichheit zu dem Mädchen herzustellen. Nein, du wirst die Gaben des Geistes bewahren. Aber wenn die Differenz, unter der Du leidest, in der Verzweiflung verzehrt [der Schmerz der Enttäuschung durchlitten und damit „verschmerzt"] ist, wirst du sehen können, daß, wer bestimmte Begabungen hat, so ist wie der, der sie nicht hat.

Wer sich nicht in dieser Weise durch seine Verzweiflung hindurch und über sie hinaus emporschwingt in die ewige Welt des Geistes, bleibt unterwegs und in Dunkelheit. Das bedeutet, daß die Seele immerfort in Verzweiflung erzittert, und der Geist den Durchbruch nicht zu finden vermag.

So wähle nun die Verzweiflung, denn verzweifeln kann man nicht, ohne es zu wählen.

Verzweiflung und Zweifel sind zweierlei

Es scheint mir nicht unwichtig, noch auf den Unterschied zwischen Zweifel und Verzweiflung hinzuwei sen.

Wenn ich erreiche, daß mein Zweifel erledigt und behoben ist, dann kann ich immer noch tief in der Verzweiflung stecken. Zweifel und Verzweiflung gehören also völlig verschiedenen Sphären an, verschiedenen Seiten der Seele. Man kann sagen, Zweifel ist die Verzweiflung des Gedankens, Verzweiflung ist der Zweifel der Persönlichkeit. Und so kön- -nen Zweifel und Verzweiflung nicht in einem Atem zug genannt und nebeneinander gestellt werden.

Verzweiflung ist ein weit tieferer und vollständigerer Ausdruck der inneren Bewegung und weit umfassender als der Zweifel.

Der Grund, weshalb der Zweifel eines Menschen beruhigt und er selbst dennoch verzweifelt sein und bleiben kann, besteht darin, daß der Mensch sich zutiefst gegen die Verzweiflung wehrt. Denn um in Wahrheit verzweifeln zu können, muß man es in Wahrheit wollen. Und sobald das geschieht, ist man auch in Wahrheit bereits über die Verzweiflung hinausgelangt. Man hat gefunden, um was es in der Verzweiflung geht: Sich selbst in seiner ewigen Gültigkeit. Und erst jetzt ist die Persönlichkeit völlig beruhigt, nicht mit Notwendigkeit, denn ich verzweifle niemals notwendig, sondern in Freiheit. Und erst darin ist das Absolute gewonnen.

Die Zeit dürfte nicht fern sein, da man – teuer genug vielleicht – erfahren wird, daß der wahre Ausgangspunkt für das Finden des Absoluten nicht der Zweifel ist, sondern die Verzweiflung.

In der Verzweiflung wähle ich das Absolute, das mich wählt, und setze das Absolute, das mich setzt

Indem ich also absolut wähle, wähle ich die Verzweiflung, und indem ich verzweifle, wähle ich das Absolute. Aber als völlig gleichbedeutend hiermit kann ich auch sagen: „Ich wähle das Absolute, das mich wählt. Ich setze das Absolute, das mich setzt." Es ist also nicht dieses oder jenes, was ich wähle, denn ich wähle absolut. Und absolut wähle ich dadurch, daß ich gewählt habe, nicht dieses oder jenes zu wählen.

Ich wähle absolut, und ich wähle das Absolute. Und was ist das Absolute? Zuerst einmal bin ich das selbst in meiner ewigen Gültigkeit. Denn wenn ich mich selbst noch nicht absolut gewählt habe, kann ich auch nichts anderes absolut wählen, nicht einmal das Absolute. Selbst der Jude [der schriftgelehrte Pharisäer zu Jesu Zeit] wählte Gott, wenn er ihn wählte, nicht absolut. Zwar wählte er das Absolute, aber er wählte es nicht absolut. Und damit hörte es auf, das Absolute zu sein.

Die Persönlichkeit, sobald sie sich selbst absolut wählt, entdeckt nun, daß das Selbst, indem es eine Geschichte hat, eine unendliche Mannigfaltigkeit in sich birgt. In dieser Geschichte ist Schmerzliches enthalten, und doch ist der Mensch der, der er ist, nur durch diese Geschichte. Darum gehört Mut dazu, sich selbst zu wählen. Es ängstigt den Menschen, und doch muß es sein. Denn wenn die Leidenschaft der Freiheit in ihm erwacht ist – und sie ist erwacht in der Wahl – , so wählt er sich selbst und kämpft um diesen Besitz wie um eine Seligkeit. Und es *ist* seine Seligkeit. Nichts mehr von all dem, was hinter ihm liegt, will er aufgeben, nicht das Schmerzlichste, nicht das Schwerste. Alles ist ihm nun wirklich zu eigen geworden.

Aber dennoch: Der Ausdruck für diesen Kampf, für dieses Erwerben lautet *Reue.*

Der Kampf, durch den das Selbst erworben wird, hat einen Namen: Reue

Es gibt verschiedene Arten von Liebe. Man liebt die Ehefrau anders als die Mutter und die Mutter anders als die Tochter, und es ist von großer Wichtigkeit, hier nichts zu verwechseln. Jede Liebe hat ihre Eigentümlichkeit. Die Liebe zu Gott — und was ist alle andere Liebe im Vergleich zu dieser Liebe! — hat ihre absolute Eigentümlichkeit: Ihr Ausdruck ist Reue. Wenn ich Gott nicht auf diese Weise liebe, dann liebe ich ihn nicht absolut, nicht aus meinem innersten Wesen. Sobald ich frei liebe und Gott es ist, den ich liebe, bereue ich. Jede andere Liebe zum Absoluten ist ein Mißverständnis. – Und sollte es keinen anderen Grund dafür geben, daß der Ausdruck meiner Liebe zu Gott Reue ist, so gibt es doch den, daß er mich zuerst geliebt hat.

Sich selbst zu wählen, wenn ich es nicht damit verwechseln will, mich selbst zu erschaffen, bedeutet also, mich als schuldig zu wählen. Und wäre es auch nur des Vaters Schuld, die sich auf den Sohn vererbt hätte. Der Sohn bereut sie mit. Denn nur so kann er sich selbst wählen, wenn er sich absolut wählen will.

Der Mensch, der sich selbst absolut wählt, bereut sich in sich selbst zurück, zurück in die Familie, zurück in das Geschlecht, bis er sich findet in Gott. Und auch wenn die Tränen ihm beinahe alles auslöschen, er fährt fort, zu bereuen. Denn nur so wählt er sich selbst.

Bei meinem eigenen Sohn beruhigt mich nicht der Gedanke, daß ich alles für dieses Kind tun würde, sondern nur der, daß sein Geist reifen wird, um sich eines Tages im Augenblick der Wahl selbst zu wählen und zu bereuen. An diesem Tag wird er auch bereuen, was von mir her als Schuld auf ihm liegen mag. Und es ist schön, wenn ein Sohn des Vaters Schuld bereut. Und doch wird er es nicht um meinetwillen tun, sondern weil er nur so sich selbst wählen kann. Zu dieser Würde kann auch die beste Erziehung ihn nicht bringen. Sie bleibt seiner eigenen Verantwortung überlassen.

An diesem Punkt wird ein Theologe sich vielleicht zu einer Fülle von Betrachtungen veranlaßt sehen. Ohne darauf weiter einzugehen, möchte ich lediglich erwähnen, daß die Reue erst im Christentum ihren wahren Ausdruck gefunden hat. Zwar fühlte auch der fromme Jude die Schuld seiner Väter auf sich lasten, ja geradezu brüten. Er sank zusammen unter dieser Last. Er seufzte. Aber er konnte sie nicht aufheben.

Jetzt hast du also meine geringe Meinung darüber, was wählen und bereuen heißt. Es ist nicht Theorie und Schulweisheit, was ich dir vorgetragen habe, sondern etwas, was jeder Mensch tun kann, der es will, und was jeder Mensch wollen kann, wenn er es will.

Die gefährliche Klippe, die im Augenblick der Verzweiflung liegt

Bevor ich jetzt dazu übergehe, eine ethische Lebensanschauung näher darzulegen, möchte ich noch auf die Gefahr hindeuten, die für den Menschen im Augenblick der Verzweiflung liegt, in jener Klippe, an der er scheitern und vollends Schiffbruch erleiden kann.

Die Bibel warnt: „Was hülfe es dem Menschen, wenn er die ganze Welt gewönne und doch Schaden nähme an seiner Seele". Den Gegensatz spricht sie nicht aus, aber er ist in diesem Satz mit enthalten. Er lautet: „Was schadete es dem Menschen, wenn er die ganze Welt verlöre, und doch nicht Schaden nähme an seiner Seele." Du siehst: *Die ganze Welt* auf der einen, und *die eigene Seele* auf der anderen Seite.

Wenn ich die ganze Welt verlieren kann, ohne Schaden zu nehmen an meiner Seele, dann muß meine Seele von anderer Natur sein als die Welt. Nur so erklärt es sich, daß ich meinen Reichtum, meine Ehre in den Augen anderer, meine Geisteskraft verlieren kann, und dennoch nicht Schaden nehmen muß an meiner Seele. Andererseits kann ich all das und noch mehr gewinnen und Schaden nehmen an meiner Seele.

Die ganze Welt zu gewinnen, aber so, daß man Schaden nimmt an seiner Seele, bedeutet Verzweiflung. Und doch ist es meine innige Überzeugung, daß es die wahre Rettung für den Menschen ist, diese Verzweiflung in einem unendlichen, absoluten Sinne zu wollen. Denn sie ist identisch mit absoluter Hingabe. – Nehme ich meine Verzweiflung dagegen in einem endlichen Sinne an, so kommt mein innerstes Wesen in der Verzweiflung nicht zum Durchbruch. Im Gegenteil, es verschließt und verhärtet sich in ihr.

Durch eine verzweifelte Anstrengung, die ganze Welt zu gewinnen, nehme ich Schaden an meiner Seele, weil ich mein Leben darin habe und mich so selbst verendliche. Aber auch, wenn ich verzweifelt feststellen muß, daß ich die ganze Welt verliere, nehme ich Schaden an meiner Seele, denn ich verendliche sie durchaus in gleicher Weise.

Daß ein Mensch etwa durch Verbrechen die ganze Welt gewinnen, und doch Schaden an seiner Seele nehmen kann, versteht sich von selbst. Aber es gibt noch eine scheinbar weit unschuldigere Art, wie das geschehen kann. Denn zum Beispiel jenes junge Mädchen, das sich in einer Weise verliebt hat, daß es alles Glück von dem Geliebten erwartet, wird gleich verzweifelt sein, ob es den Geliebten nun bekommt oder nicht. Denn jede endliche Verzweiflung ist ein Erwählen der Endlichkeit. Und die Endlichkeit habe ich erwählt, ob ich sie bekomme oder verliere. Ob ich sie bekomme, das liegt nicht in meiner Macht, wohl aber sie zu wählen. Die endliche Verzweiflung ist daher eine unfreie Verzweiflung. Sie will eigentlich nicht die Verzweiflung, sie will die Endlichkeit.

Auf diesem Punkt nun kann sich ein Mensch eine Zeitlang halten. Und so lange er sich dort hält, kann ich mich eigentlich nicht entschließen, von ihm zu sagen, er habe Schaden genommen an seiner Seele. Er steht an einem höchst gefährlichen Punkt. Die Verzweiflung ist da, aber sie hat sein innerstes Wesen noch nicht angegriffen. Noch ist seine Seele gleichsam in Verzweiflung betäubt. Und erst, wenn er, aus dieser Betäubung erwacht, einen endlichen Ausweg aus der Verzweiflung wählt und sich damit in ihr verhärtet, erst dann hat er Schaden genommen an seiner Seele. Dann hat er sich verschlossen. Seine vernünftige Seele ist erstickt, und er ist in ein Raubtier verwandelt, das kein Mittel scheuen wird, da ihm alles Notwehr ist.

Der Schaden, den die Seele nehmen kann, liegt also nicht im Äußeren, sondern im innersten Wesen des Menschen. Er gleicht jener Fäulnis, die im Herzen der Frucht wohnt, während das Äußere appetitlich anzusehen sein mag, jener inneren Hohlheit, von der die Schale nichts ahnen läßt.

Eine letzte Differenz

Jeder, der nur ästhetisch lebt, hat ein heimliches Grauen vor dem Verzweifeln, denn er weiß sehr wohl, daß das, was die Verzweiflung hervorbringt, das Absolute ist. Und er weiß zugleich, daß das, worin er sein Leben hat, die Differenz ist.

Je höher ein Individuum steht, umso mehr seiner Differenzen hat es bereits vernichtet oder ist darüber verzweifelt, daß sie noch bestehen. Am Ende jedoch behält es immer eine Differenz übrig, die es nicht vernichten will, in der es sein Leben hat und behalten will.

Von dir kann ich zwar nicht behaupten, daß du dir eine solche letzte Differenz absolut festhalten willst. Du kommst mir vielmehr so vor wie jemand, der sie losgelassen hat, aber nun immerfort Abschied von ihr nehmen will und sein Leben in dieser Abschiedsstimmung hat. Wie überhaupt bei dem, der ästhetisch lebt, die Stimmung eine große Rolle spielt.

Wer ethisch lebt, kennt die Stimmung auch, aber sie ist ihm nicht das Höchste. Deshalb wird der, der ethisch lebt, auch nicht der Sklave einer Lust, nicht, weil er sich jeder Lust völlig enthielte, sondern indem er immer in der Lage ist, einen Augenblick lang innezuhalten, sich seiner Stimmung bewußt zu werden und dann zu entscheiden.

Denke dir einen Menschen, der dem Spiel verfallen ist. Eine bestimmte Lust mit all ihrer Leidenschaft ist in ihm erwacht. Er empfindet es so, als ginge es um sein Leben, wenn sie nicht befriedigt würde. Sobald er aber imstand ist, zu sich selbst zu sagen: „In diesem Augenblick will ich nicht spielen, erst in einer Stunde will ich es", dann ist er geheilt. Diese Stunde ist die Kontinuierlichkeit, die ihn rettet. Denn wer ethisch lebt, arbeitet für die Kontinuierlichkeit, und diese ist stets der Stimmung Meister. – Dabei ermangelt sein Leben der Stimmung nicht, denn gerade das ethisch gelebte Leben erfreut sich einer positiven Grundstimmung.

Verwechslung von konkreter und abstrakter Wahl

Je bedeutungsvoller in seiner Wahrheit dasjenige, was hervorkommen soll, ist, umso gefährlicher sind auch die Irrwege. Stell dir jemanden vor, der sich zwar selbst unendlich gewählt (und damit wirklich gefunden) hat, aber dann dem normalen, alltäglichen Leben den stolzen Gedanken entgegensetzte: „Nun besitze ich mich selbst, ich verlange nichts weiter, ich bin, der ich bin!“ Ein solcher Mensch hätte das Wählen zwar vollzogen, aber er hätte den Vorgang der Wahl völlig abstrakt aufgefaßt und sich selbst und sein Leben nicht in seiner Konkretion ergriffen.

Zunächst, indem der Mensch sich in seiner ewigen Gültigkeit ergriffen hat, überwältigt diese ihn in ihrer ganzen Fülle. Die Zeitlichkeit entschwindet ihm. Im ersten Augenblick erfüllt ihn das mit unbeschreiblicher Seligkeit und gibt ihm eine absolute Sicherheit. Aber bald macht die Zeitlichkeit ihre Ansprüche wieder geltend. Diese Ansprüche, und hier liegt eine Gefahr, werden jetzt von ihm abgewiesen.

Denn was die Zeitlichkeit zu geben vermag, das Weniger oder Mehr von diesem oder jenem, das sie ihm anbietet, ist ihm überaus belanglos im Vergleich zu dem, was er ewig besitzt. Alles steht für ihn still. Er ist gleichsam vor der Zeit zur Ewigkeit gelangt. Er versinkt in Kontemplation. Er starrt auf sich selbst.

Aber dieses Starren füllt die Zeit nicht aus. Und es zeigt sich hier bald wieder eine Müdigkeit, eine Apathie, die Ähnlichkeit hat mit jener Mattigkeit, welche die Begleiterin des Genusses ist. – Muß man nicht fürchten, daß ein solcher Mensch sich gar nicht selbst gewählt, sondern sich nur wie Narziß in sich selbst verliebt hat? Ein solcher Zustand hat gewiß nicht selten mit einem Selbstmord geendet.

Der Mensch, der sich selbst absolut gewählt und durch diese Wahl verunendlicht hat, kann nur dann in der Freiheit bleiben, wenn er diese Freiheit beständig nutzt. Er ist daher eo ipso ein Handelnder und bleibt nicht stehen beim Genuß des Glückes, das seine Wahl mit sich bringt. Er tritt ein in die Kontinuierlichkeit, die der einmal gewählte Weg nun mit sich bringt.

Verwechslung von Reue und ästhetischer Trauer

Hier ist auch der Ort, noch einmal mit ein paar Worten die Lebensanschauung zu erwähnen, in der du dir gefällst, jene Lebensanschauung, die auf nichts Geringeres hinausläuft als darauf, daß das Trauern doch eigentlich der Sinn des Lebens sei und, der Unglücklichste zu sein, das Allerglücklichste.

Auf den ersten Blick erscheint diese Anschauung nicht als eine ästhetische Lebensbetrachtung, denn Genuß ist ja wohl kaum ihre Losung. Sie ist jedoch auch nicht ethisch. Sondern sie liegt in dem gefahrvollen Moment, wo das Ästhetische in das Ethische übergehen soll.

Ich will nicht bestreiten, daß du oft ein wirkliches Interesse für den Traurigen hast, daß es dir am Herzen liegt, ihn zu heilen, ihn für die Freude zu gewinnen. Aber gleichzeitig genießt du die Befriedigung, daß du zu dir selber sagst: Aber meine eigene Trauer, die kann niemand heilen.

Ich weiß, daß ein tiefer Ernst in Tränen liegen und daß Traurigkeit schön sein kann. Aber ich weiß auch, daß man nicht traurig sein soll wie der, der keine Hoffnung hat. Dein Lieblingsausdruck, daß der Unglücklichste der Glücklichste sei, weist doch hin auf einen Betrug, der schrecklicher ist als alles andere, einen Betrug, der sich gegen die ewige Macht wendet, welche die Welt regiert. Ähnlich wie wenn man lachen wollte, wo man weinen soll, und das mit einem Trotz, der Gott selbst die Spitze bietet.

Fragt man nun näher, was das für eine Trauer sei, von der du sprichst, so bist du klug genug, die ethische Trauer zu umgehen. Es ist nicht Reue, was du meinst. Nein, es ist ästhetische Trauer. Sie hat ihren Grund nicht in Schuld, sondern in Unglück, in Schicksal, in einer traurigen Disposition, im Einfluß anderer Menschen usw. Und so ist dies Trauern-wollen durchaus im gleichen Sinne Verzweiflung wie ein unbedingtes Freude-wollen, da es immer Verzweiflung ist, sein Leben in dem zu haben, dessen Wesen es ist, daß es vergehen kann.

Glaube nicht, daß die Trauer in meinem Leben fehlte, daß ich ihr entliefe. Keineswegs. Ich lege sie nieder in mein Wesen und vergesse sie darum nie. Was man im täglichen Leben am besten verwahren will, das legt man an einen Ort, wohin man nicht alle Tage kommt. Und so auch im Geistigen. Ich habe die Trauer in mir. Und ich weiß, daß sie zu meinem Wesen gehört. Ich weiß es weit sicherer als derjenige, der sie täglich hervorholt aus Angst, sie zu verlieren.

Solange die Trauer dort, wo sie liegt, still und demütig ist, fürchte ich sie nicht. Wird sie heftig und leidenschaftlich, sophistisch und betört mich in Mißmut, so erhebe ich mich. Ich dulde keinen Aufruhr. Ich will nicht, daß etwas in der Welt mir abliste, was ich als eine Gnadengabe aus Gottes Hand empfangen habe.

Ich verscheuche die Trauer nicht, suche sie nicht zu vergessen, sondern ich bereue. Und ist die Trauer auch von der Art, daß ich nicht selber Schuld an ihr habe: Ich bereue, daß ich sie habe Macht über mich gewinnen lassen. Ich bereue, daß ich sie nicht gleich auf Gott bezogen habe. Denn wenn das geschehen wäre, hätte sie nicht die Möglichkeit gehabt, mich zu betören.

Was mich betrifft, ich könnte unter ästhetischen Bestimmungen nicht leben

Es besteht ein absoluter Gegensatz zwischen uns, der sich niemals aufheben läßt. Ich kann nicht unter ästhetischen Bestimmungen leben. Ich fühle, daß das Heiligste meines Lebens dann untergehen würde. Ich fordere einen höheren Ausdruck. Und den gibt mir das Ethische. Und hier erhält auch die Trauer ihre wahre und tiefe Bedeutung. Um zu erklären, was ich damit meine, muß ich nicht von Helden reden. Ich kann von Kindern sprechen.

Es ist das Zeichen eines wohlgearteten Kindes, daß es die Neigung hat, um Verzeihung zu bitten, ohne allzu sehr zu überlegen, ob es Recht hat oder nicht. Und ebenso ist es das Zeichen eines großmütigen Menschen, einer tiefen Seele, daß er zur Reue geneigt ist, daß er nicht mit Gott ins Gericht geht, sondern bereut. – Und Gott liebt seine Reue. Ohne sie ist unser Leben nichts, nur wie Schaum auf dem Wasser.

Ich versichere dir, daß ich mit dem größten tragischen Helden nicht tauschen möchte. Meine Wahl ist getroffen, ich lege das Gewand des Helden und das Pathos der Tragödie ab. Ich bin nicht der Geplagte, der auf seine Leiden stolz sein darf. Ich bin der Gedemütigte, der seinen Frevel fühlt. Ich habe nur einen Ausdruck für das, was ich leide: Schuld. Nur einen Ausdruck für meinen Schmerz: Reue. Nur eine Hoffnung vor meinen Augen: Vergebung. Und fällt es mir schwer, die Dinge so zu sehen, dann habe ich nur ein Gebet: Ich werfe mich zu Boden und rufe die ewige Macht, welche die Welt regiert, um die Gnade an, daß es mir gestattet sein möge, zu bereuen. Denn ich kenne nur einen Kummer, der mich zur Verzweiflung bringen und alles in sie hinabstürzen könnte: daß die Reue eine Täuschung wäre, eine Täuschung nicht hinsichtlich der Vergebung, die sie sucht, sondern hinsichtlich der Art und des Ausmasses von Schuld, auf die sie sich bezieht.

Du siehst, man kann die Hilfe, die man braucht, nicht von der Philosophie erwarten. Erwarte sie statt von der Weisheit der Philosophen lieber von der christlichen Anschauung. Diese unterwirft alles der Sünde, wozu der Philosoph zu ästhetisch ist, als daß er den ethischen Mut dazu aufbrächte.

Der Mystiker

Das Leben eines Mystikers ist nun weit tiefer. Er hat sich selbst absolut gewählt. Denn obwohl ein Mystiker zumeist den scheinbar entgegengesetzten Ausdruck gebraucht, er habe Gott gewählt, so bleibt sich die Sache doch gleich. Denn wenn er nicht sich selbst absolut gewählt hat, so steht er in keinem freien Verhältnis zu Gott. Und in der Freiheit liegt gerade das Eigentümliche christlicher Frömmigkeit.

Auch der Mystiker, indem er gewählt hat, ist eo ipso ein Handelnder. Aber sein Handeln ist inneres Handeln. Das heißt, er versinkt in der Anschauung der Gottheit. Ihr Bild spiegelt sich mehr und mehr in seiner liebenden Seele. Und so erneuert der Mystiker das verlorene Gottesbild im Menschen und frischt es auf.

Sein inneres Handeln besteht nicht im Erwerben der *persönlichen*, sondern der *religiösen* oder *kontemplativen* Tugenden. Sein eigentliches Leben ist das Gebet. Das Gebet ist der Ausdruck für seine Liebe, die Sprache in der allein er die Gottheit, in die er sich verliebt hat, anreden kann.

Meiner Meinung nach kann man den Mystiker von einer gewissen Zudringlichkeit in seinem Verhältnis zu Gott nicht freisprechen. Zwar sollen wir Gott lieben von ganzer Seele und mit dem ganzen Denken. Daraus folgt jedoch keineswegs, daß der Mystiker die Wirklichkeit, in die Gott ihn gesetzt hat, verschmähen soll. Denn Gehorsam ist Gott lieber als Opfer.

Die Zudringlichkeit kann eine noch bedenklichere Gestalt annehmen, wenn er sich nämlich irgendeiner Zufälligkeit wegen als Gegenstand der göttlichen Vorliebe sieht. Damit entwürdigt er sich selbst. Denn es ist immer eine Entwürdigung, durch etwas Zufälliges wesentlich von anderen verschieden sein zu wollen. Außerdem macht er damit Gott zu einem Götzen und sich selbst zum Günstling an dessen Hof. – Das Eigentümliche am Mystischen ist damit nicht das Religiöse, sondern die Isolation, durch welche sich das Individuum – ohne die gegebenen Wirklichkeiten zu achten – in unmittelbaren Rapport zu dem Ewigen setzen will.

Ich zweifle nicht daran, daß die Mystiker in ihrem religiösen Mystizismus sehr viel Schönes finden und daß sie vielen tiefen und ernsten Naturen damit dienen können. Dennoch ist ihr Weg nicht ungefährlich.

Der Fehler des Mystikers ist also, daß er in der Wahl nicht konkret wird, nicht für sich selbst und auch nicht für Gott. Er wählt sich selbst abstrakt und ermangelt daher der Durchsichtigkeit. Wenn man sich selbst aber abstrakt wählt, so wählt man sich nicht ethisch. Erst wer sich per Wahl selbst übernommen hat, angezogen, total durchdrungen hat, dergestalt, daß jede Bewegung vom Bewußtsein einer Selbstverantwortung begleitet ist, erst der hat sich ethisch gewählt. Erst dann hat man sich selbst bereut, erst dann ist man konkret, erst dann ist man trotz einer möglicherweise totalen Isolation dennoch in absoluter Kontinuität mit der Wirklichkeit, der man angehört.

Darin liegt nämlich die ewige Würde des Menschen, daß er eine Geschichte bekommen kann, daß er selbst, wenn er will, dieser Geschichte Kontinuität verleihen kann. Denn diese bekommt sie erst, wenn sie nicht den Inbegriff dessen darstellt, was mir geschehen oder widerfahren ist, sondern meine eigene Tat wird, dergestalt, daß das mir Widerfahrene durch mich verwandelt und von Notwendigkeit in Freiheit überführt worden ist.

Das ist das Beneidenswerte an einem Menschenleben, daß man der Gottheit auf diese Weise zuhilfe kommen und sie verstehen kann. Und das ist wiederum die einzige eines Menschen würdige Art, sie zu verstehen, daß man in Freiheit sich alles zueignet, was einem begegnet, das Frohe wie das Traurige.

Die Überlegenheit eines ethisch bestimmten Lebens über ein ästhetisch bestimmtes

Wer ästhetisch lebt, erwartet alles von außen. Aber anzunehmen, daß das, was außerhalb meiner selbst liegt, mich glücklich machen könne, ist, wie am Beispiel Neros zu sehen war, ein Aberglaube.

Je ästhetischer einer lebt, umso mehr Bedingungen fordert sein Leben. Und wenn nur die geringste von ihnen nicht erfüllt wird, so ist er tot.

Auch wer ethisch lebt, wünscht in seiner Wahl glücklich zu sein. Erweist es sich indessen, daß die Wahl doch nicht ganz nach Wunsch ist, so verliert er nicht den Mut. Er hat stets einen Ausweg. Wenn alles ihm mißglückt, wenn das Gewitterdunkel derart auf ihm liegt, daß sein Nachbar ihn nicht mehr sehen kann, ist er dennoch nicht untergegangen. Es gibt immer noch den einen Punkt, den er festhält: und das ist er selbst.

Er weiß, daß die Kunst nicht das Wünschen ist, sondern das Wollen und sieht sogleich seine Aufgabe. Denn so wie der, der ästhetisch lebt, überall nur Möglichkeiten sieht, die für ihn den Inhalt seiner Zukunft bilden, sieht der, der ethisch lebt, Aufgaben. Deshalb ist er in der Lage, jederzeit unverzüglich zu handeln. Dies gibt ihm eine Sicherheit, die demjenigen, der nur ästhetisch lebt, durchaus fehlt.

Damit ein Mensch ethisch lebt, ist es notwendig, daß er sich seiner selbst so durchgreifend bewußt wird, daß ihm keine Zufälligkeit entgeht. Wenn ein Mensch jedoch die Durchsichtigkeit fürchtet, so flieht er stets das Ethische, denn etwas anderes will dieses ja eigentlich nicht.

Die Karikatur des Ethischen: ein unschönes, langweiliges Pflichtleben

Als Gegensatz zu einer ästhetischen Lebensanschauung, die das Leben genießen will, hört man oft von einer anderen Lebensanschauung reden, die den Sinn des Lebens darin sieht, für die Erfüllung seiner Pflichten zu leben. Hiermit will man dann eine ethische Lebensanschauung bezeichnen. Der Ausdruck ist jedoch sehr unvollkommen, und man sollte fast glauben, er sei erfunden, um das Ethische in Mißkredit zu bringen.

Ein falsch verstandenes Pflichtleben ist natürlich überaus unschön und langweilig. Und hätte das Ethische nicht einen weit tieferen Zusammenhang mit der Persönlichkeit, würde es sehr schwierig sein, es gegenüber dem Ästhetischen zu verfechten. Daß es viele Menschen gibt, die über diese Sichtweise nicht hinauskommen, will ich nicht leugnen. Aber das liegt nicht an der Pflicht, sondern an den Menschen.

Je tiefer ein Mensch sein Leben ethisch angelegt hat, umso weniger wird er das Bedürfnis empfinden, jeden Augenblick von der Pflicht zu reden. Wenn das Ethische richtig gesehen wird, macht es das Individuum unendlich sicher in sich selbst. Wenn es nicht richtig gesehen wird, macht es das Individuum völlig unsicher. Und ich kann mir keine unglücklichere oder qualvollere Existenz denken, als wenn ein Mensch die Pflicht außerhalb von sich selbst hat, und sie doch immerfort realisieren will.

Die Schwäche des Willens kann wie jede andere Geistesschwäche als eine Art Wahnsinn betrachtet werden. Das Leben solcher Menschen geht darin auf,

Mücken zu seihen. Sie haben weder eine Vorstellung von dem schönen und reinen Ernst des Ethischen, noch von der sorglosen Freude an dem, was hinsichtlich gut oder böse indifferent ist.

Der zufällige und der allgemeine Mensch

Wer ästhetisch lebt, ist der zufällige Mensch. Er glaubt, der vollkommene Mensch dadurch zu sein, daß er der einzige Mensch ist. Wer ethisch lebt, arbeitet darauf hin, der allgemeine Mensch zu werden.

Wenn ein Mensch etwa ästhetisch verliebt ist, so spielt das Zufällige eine ungeheure Rolle. Und es ist ihm von Wichtigkeit, daß noch niemand so und mit den Nuançen geliebt hat wie er. Wenn derjenige, der ethisch lebt, eine Frau liebt und sie heiratet, so realisiert er das Allgemeine.

Es gehört allerdings viel ethischer Mut dazu, sein Leben nicht im Zufälligen zu haben, sondern im Allgemeinen. Man fällt damit ja unter ganz alltägliche Bestimmungen. Und das wollen die Menschen nur ungern. Sie möchten ihr Leben in den Differenzen haben. Ein guter Mensch kann jeder sein, der es will. Deshalb wollen viele so gern Philosophen sein, nicht Christen. Denn zum Philosophsein gehört Talent, zum Christsein Demut. Und die kann jeder haben, der will.

Ja, mein Freund, es gehört viel ethischer Mut dazu, sein Leben nicht in den Differenzen haben zu wollen, sondern in dem ewig gültigen Allgemeinen. Unsere Zeit bedarf in dieser Hinsicht einer Erschütterung, die wohl auch nicht ausbleiben wird. Der Augenblick wird kommen, da die Menschen sehen werden, daß alle, deren Leben in den Differenzen liegt, genau darüber, daß es sich so verhält, verzweifeln, um in dieser Verzweiflung das Allgemeingültige zu finden. (Kleine Leute, die zu unbedeutend sind, um ihr Leben in den Differenzen zu haben, werden dieser Erschütterungen dann vielleicht nicht so sehr bedürfen.)

Der allgemeine Mensch: Persönlichkeit in höchster Gültigkeit

Ich habe dich jetzt an den Punkt gebracht, zu dem ich dich bringen wollte. Meine Absicht war, daß du dich losreißen solltest von den Illusionen der Ästhetik, um zum Ernst des Geistes zu erwachen. Aber ich bin noch nicht fertig. Ich möchte dir von dieser Grundlage aus eine Betrachtung des Lebens unter ethischer Bestimmung geben.

Es ist etwas Karges, was ich dir damit biete. Teils, weil meine Gabe, dir das Ethische zu schildern, in gar keinem Verhältnis zu dieser Aufgabe steht, teils weil die Kargheit tatsächlich eine Haupteigenschaft des Ethischen ist, eine Eigenschaft, die befremdlich sein mag für den, der vom Überfluß der Ästhetik herkommt.

Der Hauptunterschied, um den sich alles dreht, ist der, daß das ethische Individuum sich selbst durchsichtig ist und nicht ins Blaue hinein lebt, wie das ästhetische Individuum es tut. Damit, mit diesem

Unterschied, ist alles gegeben. – Wer ethisch lebt, kennt sich selbst, durchdringt mit seinem Bewußtsein seine ganze Konkretion, erlaubt unbestimmten Gedanken nicht, in ihm herumzugeistern, lockenden Möglichkeiten nicht, ihn zu zerstreuen. Wollte ich geistreich sein, könnte ich sagen: Das Individuum erkennt sich selbst auf ähnliche Weise, wie wenn es im alten Testament heißt, daß Adam Eva erkannte: Durch den Umgang mit sich selbst wird es geschwängert und gebiert sich selbst. Alles, was es in Freiheit entschieden und gewählt hat, gehört ihm jetzt wesentlich zu, wie zufällig es auch scheine.

Alles, was es nicht bewußt entschieden und gewählt hat, ist ihm zufällig, wie wesentlich es auch scheinen mag. Denn wesentlich gehört mir ja nur das zu, was ich ethisch als eine Aufgabe übernehme. Lehne ich ab, es zu übernehmen, so gehört es mir wesentlich zu, daß ich es abgelehnt habe.

Nur das ethische Individuum gibt sich im Ernst Rechenschaft über sich selbst. Es besitzt daher Rechtschaffenheit, Anstand und eine Schicklichkeit, die schöner sind als alles andere. Hier zeigt sich die Persönlichkeit in ihrer höchsten Gültigkeit. Sie ist nicht gesetzlos, gibt sich auch nicht selbst ihr Gesetz, denn der Gesichtspunkt der Pflicht bleibt.

Und wenn es so wäre, daß meine Wahl mich alles kosten würde?

Wie viele Kinder werden nicht damit verpfuscht, daß man sie mit einem ganzen Zeremoniell von Pflichten überhäuft. Ich hatte als Kind nur wenige, eng umschriebene Aufgaben, aber ich empfing einen recht tiefen Eindruck davon, daß es etwas gibt, was Pflicht heißt. Und daß diese eine ewige Gültigkeit hat.

Die absolute Bedeutung der Pflicht, die ewige Gültigkeit des Pflichtverhältnisses für die Persönlichkeit zu betonen, liegt mir vor allem nahe, wenn ich dich und deinesgleichen sehe, die ihr die Lehre vorzutragen scheint, daß die Ausnahme das Wichtigste und die Regel nur da sei, damit die Ausnahme sich ausnehmen könne. Ihr wünscht nicht, euch mit dem Ethischen einzulassen. Das hieße ja, meint ihr, das Leben seines Sinnes und vor allem seiner Schönheit berauben. Das Ethische sei etwas ganz anderes als das Ästhetische. Und wenn es hervorträte, vernichte es dieses ganz und gar.

Ja, und wenn es so wäre? Ich würde dennoch nicht zweifeln, was ich wählen sollte. In der Verzweiflung gibt es einen Augenblick, da es so scheint. Wer das nicht gefühlt hat, dessen Verzweiflung ist immerhin trügerisch gewesen, und er hat sich selbst nicht ethisch gewählt. Indessen ist dem aber nicht so. Und darum erweist sich die Verzweiflung im nächsten Augenblick nicht als ein Bruch, sondern als eine Metamorphose. Alles kommt wieder, jedoch verklärt.

Sobald sich die Persönlichkeit in der Verzweiflung selbst gefunden, sich absolut selbst gewählt und selbst bereut hat, hat sie sich selbst als ihre Aufgabe unter einer ewigen Verantwortung. Und somit ist die Pflicht für diesen Menschen in ihrer Absolutheit gesetzt.

Der Kampf ums tägliche Brot, ethisch betrachtet

Welcher Kampf sollte nun etwa bildender sein als der um das tägliche Brot. Wieviel Kindlichkeit gehört nicht dazu! Ein wie inniges und durchdringendes Bewußtsein seiner selbst, daß man tut, was in der eigenen Macht steht.

Wer um sein tägliches Brot kämpft, sieht bald, daß die zerstörerischen Leidenschaften wie Ehrgeiz, Eitelkeit und Stolz ihn verlassen. Denn ein solcher Kampf interessiert andere nicht und regt sie auch nicht zur Bewunderung an. Sieh, darum sind Nahrungssorgen so heilsam, weil sie dem Menschen nicht erlauben, sich über sich selbst zu täuschen.

Als ich zwanzig war, blickte ich zu den Mädchen, sah, wie sie sich um meinetwillen ängstigten oder mir Beifall winkten. Nun bin ich älter geworden. Mein Kampf ist ein anderer. Ich verlange einen anderen Richter, einen Kenner, ein Auge, das ins Verborgene sieht, das des Zuschauens nicht müde wird, das den Kampf sieht und die Gefahr, ein Ohr, das die Arbeit der Gedanken hört, das ahnt, wie mein besseres Wesen sich aus der Marter der Anfechtung herauslöst.

Zu diesem Kampfrichter will ich aufblicken. Nach seinem Beifall will ich trachten, wenn ich ihn auch nicht verdienen kann. Und wird mir dann der Leidenskelch gereicht, dann will ich den Blick nicht auf den Kelch heften, sondern auf Ihn, der ihn mir reicht. Und ich will nicht auf den Grund des Kelches blicken, um nachzuschauen, ob ich ihn bald geleert haben werde, sondern unverrückt auf Ihn, von dem ich ihn empfange. Und ich weiß, daß ich mir durch diesen Trank eine ewige Gesundheit erkaufe.

So muß man ethisch, glaube ich, den Kampf betrachten, der ums tägliche Brot gekämpft wird. Die gepriesene Unabhängigkeit ist oftmals eine Schlinge. Wer jede Lust zu befriedigen, jeder Neigung zu folgen, jeder Laune freien Lauf zu lassen in der Lage ist, wird erleben, wie diese sich wider einen selbst verschwören. – Aber hüte dich auch, daß du nicht in das entgegengesetzte Extrem verfällst, in einen wahnsinnigen Trotz durchzuhalten, um den Schmerz zu verbergen, statt die Kraft, die dich das Verbergen kostet, zu nutzen, um ihn zu tragen und zu überwinden.

Der Beruf, ethisch betrachtet

Wenn der Ästhetiker den, der für sein tägliches Brot hart arbeiten muß, trösten will, dann weiß er keinen anderen Trost als den: der Betreffende müsse sich darin finden, daß er ein Arbeiter ist wie so viele andere auch, die nicht so reich sind, daß sie nicht arbeiten müssen. – Die Lebensbetrachtungen des Ästhetikers liegen auch hier in der Differenz: *Einige Menschen haben Reichtum, andere nicht.* Oder: *Einige haben Talent, andere nicht.* Und was in ihren Augen die einen von den anderen unterscheidet, ist ein Mehr oder Weniger, also eine quantitative Bestimmung.

Diese Lebensanschauung bringt einen Zwiespalt in das Dasein, den zu beheben sie nicht imstande sind, weshalb sie sich mit Leichtsinn und Herzlosigkeit gegen ihn zu wappnen suchen.

Der Ethiker dagegen versöhnt den Menschen mit dem Leben, denn er sagt: *Sieh, jeder Mensch hat einen Beruf*. Er verkleinert die Differenzen nicht, aber er ist sich sicher: *In allen Differenzen bleibt doch das Allgemeine, daß das, was du tust, dein Beruf ist.*

Diese Feststellung, daß jeder Mensch einen Beruf habe, ist ein Ausdruck dafür, daß es eine vernünftige Ordnung der Dinge gibt, in der jeder Mensch, wenn er will, seinen Platz so ausfüllt, daß sich darin zugleich das allgemein Menschliche wie das Individuelle ausdrückt. „Ist mein Beruf gering", sagt er, „so kann ich meinem Beruf doch treu sein. Und dann bin ich dem Wesentlichen nach ebenso groß wie der Größte." Und auch umgekehrt: „Ist mein Beruf gering, ich kann ihm doch untreu sein. Und wenn ich es bin, begehe ich eine ebenso große Sünde wie der Größte. Ich verzichte also auf alle Wichtigtuerei, die sich im Leben oft genug breit macht. Ich tu mein Werk, und vergeude meine Zeit nicht mit Kalkulationen darüber, was ich dabei (verglichen mit anderen) ausrichte."

Der eine kann Reiche und Länder erobern, ohne ein Held zu sein, der andere kann sich dadurch, daß er seinen Sinn beherrscht, als Held erweisen. Der eine kann Mut beweisen, indem er das Ungewöhnliche tut, der andere, indem er das Gewöhnliche tut. Wer ein Held sein will, weil er das Ungewöhnliche tut, steht in Gefahr, ein Narr zu sein.

Liebe und Ehe, ethisch betrachtet

Unser Held hat eingesehen, daß es eine Beleidigung wäre, sich so an einen anderen Menschen binden zu wollen, wie man sich an endliche und zufällige Dinge bindet, nämlich bedingungsweise, damit man, sollten sich hernach Schwierigkeiten ergeben, die Sache rückgängig machen könne.

Er vertraut der, die er liebt, und hält es daher nicht für möglich, daß sie sich ändern könnte, es sei denn zum Besseren. Und sollte sie sich doch zum Schlechteren ändern, so vertraut er immer noch, nämlich auf die Macht des liebenden Verhältnisses, das zwischen ihnen besteht, alles wieder gut zu machen.

Es ist ein Unterschied zwischen einer Freundin, die man liebt, ja vielleicht anbetet, die man aber nur besucht, wenn die eigene Seele reich und stark ist oder, andererseits, einer Gattin, die hereinkommt, zum Mittagessen ruft, mitdenkt und mithilft, einer Gefährtin, die auch zu solchen Zeiten anwesend ist, in denen die eigenen Fehler und Schwächen zutage treten, um uns ihre Meinung dazu zu sagen.

Der Ethiker kann unserem Held nicht sagen, *wen* er heiraten soll, dazu wäre nämlich eine genaue Kenntnis des gesammten Ästhetischen im anderen erforderlich, die aber der Ethiker nicht hat. Und hätte er sie auch, so würde er sich wohl hüten, für ihn zu wählen. Er hilft ihm nur so weit beim Wählen, daß er ihn von dem Aberglauben an das Zufällige befreit.

Die Pointe der Liebe des Ästhetikers in seiner Ehe läge darin, daß *sie* das einzige Mädchen auf der ganzen Welt ist, die Pointe läge also in der Differenz: Ein Glück wie dieses könnte es auf der ganzen Welt nicht gegeben. Und eben darin läge sein Glück.

Das Ethische lehrt, daß das Absolute nicht in der Differenz liegt, sondern im Verhältnis. Denn das Verhältnis ist das Allgemeine. Und erst wenn er der Differenz den Ausdruck des Allgemeinen gibt, erst dann ist er in deren sicherem Besitz. Die Dinge so zu sehen, raubt ihm die *eitle* Freude, das Ungewöhnliche zu sein, um ihm die *wahre* Freude zu geben, das Allgemeine zu sein oder zu besitzen.

Deshalb hasse ich das abscheuliche Gerede von der Emanzipation der Frau. Ich kann dir nicht sagen, mit welchem Schmerz dieser Gedanke meine Seele durchdringen kann. Wenn diese Seuche sich ausbreitete, wenn sie auch zu der durchdränge, die ich liebe, meinem Weibe, meiner Freude, meiner Zuflucht, dann wäre mein Mut geknickt. Aber das geschieht nicht. Das soll und kann nicht geschehen, mögen denn böse Geister es versuchen, mögen dumme Menschen es tun, die keine Vorstellung davon haben, was es heißt, ein Mann zu sein, weder von dem Großen noch von dem Geringen, das darin liegt, und keine Ahnung von der Vollkommenheit des Weibes.

Sollte wirklich eine einzige Frau einfältig und eitel genug sein zu glauben, daß sie unter der Bestimmung „Mann“ etwa vollkommener werden könnte als der Mann, und nicht einzusehen, daß der Verlust unersetzlich wäre?

Die Stümper, die der Frau dergleichen weismachen, wissen nicht, was sie tun. Sie taugen selber nicht dazu, Männer zu sein. Und statt das zu lernen, wollen sie das Weib verderben und sich einigen auf die Bedingung, daß sie selbst bleiben, was sie waren: Halbmänner, während das Weib zu derselben Erbärmlichkeit avanciert.

Freundschaft, ethisch betrachtet

Vielleicht denkst du, ich würde die Freundschaft und ihre ethische Gültigkeit mit Schweigen übergehen. Oder du wunderst dich, daß ich die Freundschaft erst jetzt bespreche, denn die Freundschaft ist ja der Jugend erster Traum. Gerade in der frühen Jugend ist die Seele so weich und begeistert, daß sie die Freundschaft sucht. Es wäre also, so denkst du vielleicht, naheliegend gewesen, das Thema *Freundschaft* vor dem Thema *Ehe* zu behandeln.

Aber es gibt ja beides. Du wirst mir recht geben, daß bei dem einen die Erfahrung von Freundschaft in die Zeit sehr früher Jungend und beim anderen in ein späteres Lebensalter fällt. Bei meinem Freund und mir (übrigens würde ich gerade jetzt gern mit ihm über all diese Dinge reden) hatte es sich so getroffen, daß er bereits verheiratet war, als wir uns kennenlernten. Vorher hatte er noch keine Beziehung, die man Freundschaft hätte nennen können.

Die tieferen Naturen haben es nicht so leicht, sich selbst zu finden. Aber solange sie ihr eigenes Selbst nicht gefunden haben, können sie auch nicht wünschen, daß sich ihnen eine Freundschaft anbietet, die sie nicht erwidern könnten.

Wer sich selbst noch nicht gefunden hat, ist entweder in sich selbst vertieft, oder er beobachtet andere. Ein Beobachter aber ist kein Freund.

Denen, die schon in sehr frühem Alter einen Freund hatten, widerfährt es nicht selten, daß, wenn sich die Liebe geltend macht, diese Freundschaft verblaßt. Sie finden dann, die Freundschaft sei eine unvollkommenere Form gewesen, lösen sie auf und konzentrieren sich ganz auf die Ehe.

Anderen geht es umgekehrt. Die die Süße und die Freuden der Liebe früh genossen haben, sind vielleicht zu einer irrigen Anschauung vom anderen Geschlecht gekommen und haben durch Leichtsinn Erfahrungen gemacht, die sie teuer bezahlen mußten. Vielleicht haben sie an eigene Gefühle geglaubt, die sich dann aber als unbeständig erwiesen oder an Gefühle anderer, die wie ein Traum verflogen sind. So haben sie schließlich der Liebe entsagt. Sie war ihnen zugleich zu viel und zu wenig, denn sie waren mit dem Dialektischen der Liebe in Berührung gekommen, ohne es lösen zu können. Und nun wählten sie die Freundschaft.

Mein Freund hatte keinen Freund, bevor er die Liebe kennenlernte. Er hatte sich aber auch noch nicht selbst dadurch geschadet, daß er die unreife Frucht der Liebe zu früh gekostet hatte. In seiner Ehe fand er tiefe und volle Befriedigung. Und da er auf diese Weise selber absolut beruhigt war, konnte er gerade jetzt den Wert und das Schöne sehen, die darin liegen, einen Freund oder Freunde zu haben. So war er sich auch nicht einen Augenblick lang im Zweifel darüber, wie man die Freundschaft betrachten muß, und daß sie ihre Bedeutung verliert, wenn man sie nicht ethisch betrachtet.

Er hatte zu der Zeit bereits kein Bedürfnis mehr, sich vom ästhetischen Gaukelwerk betören zu lassen. Wäre dies nicht der Fall gewesen, so hätte ich meine Freude daran haben können, ihn zur Strafe an dich zu verweisen.

Dir geht es mit der Freundschaft, wie es dir mit allem geht. Deiner Seele fehlt so sehr die ethische Zentralisation, daß man von dir über ein- und dieselbe Sache die entgegengesetztesten Erklärungen hören kann. Und deine Äußerungen beweisen im hohen Maße die Richtigkeit des Satzes, daß Sentimentalität und Herzlosigkeit dasselbe sind.

Mal hört man dich das Beglückende in der Begegnung gleichgestimmter Seelen preisen. Zu anderen Zeiten sagst du: „Ein Freund ist ein rätselhaftes Ding. Man sieht ihn, wie Nebel, nur von ferne. Und erst, wenn man ihn verloren hat, merkt man daran, daß man unglücklich ist, daß man einen Freund *gehabt* hat."

Ich will die Bedeutung des unerklärlichen Zaubers, der von einem Menschen ausgehen kann, nicht verkennen, aber für mich ist die absolute Voraussetzung für Freundschaft die Einheit der Lebensanschauung. Hat man die, und ist sie eine positive, so wird man nicht versucht sein, seine Freundschaft auf dunkle Gefühle oder auf unerklärliche Sympathien zu gründen, um dann auch nicht jene lächerlichen Umschwünge zu erleben, daß man an einem Tag einen Freund hat, am anderen nicht. Denn eine Freundschaft, auf der Einheit in der Lebensanschauung gegründet, bleibt selbst dann bestehen, wenn der Freund stirbt. Hört andererseits die Einheit der Lebensanschauung auf, so ist die Freundschaft tot, wenn der Freund auch leben bleibt.

Ethisch betrachtet, könnte man fast so weit gehen zu sagen: „Die Freundschaft ist eine Pflicht.“ Indessen will ich lieber einen anderen Ausdruck gebrauchen: „Es ist eines jeden Menschen Pflicht, offenbar zu werden.“ – Eine wahre Freundschaft lebt von Bewußtheit und Offenheit. So wird sie der Schwärmerei enthoben.

Wie du siehst, raubt das Ethische den Dingen nicht den Glanz, sondern verleiht ihn ihnen erst

Der Ästhetiker bleibt sich selbst und anderen immer verborgen. Denn wie oft und wie sehr er sich auch der Welt hingibt, er tut es niemals ganz. Etwas behält er immer zurück. Täte er es ganz, so täte er es ethisch. Doch jedes derartige Versteckspiel rächt sich immer am natürlichsten dadurch, daß man sich selber rätselhaft wird. Daher kommt es, daß alle, die den Anspruch der Wirklichkeit, offenbar zu werden, nicht erkennen, auf Schwierigkeiten und Anfechtungen stoßen. (Wer nicht mit Wirklichkeiten kämpfen will, kämpft schließlich mit Phantomen.)

Hiermit bin ich für diesmal fertig. Ich wollte nur zeigen, wie das Ethische in den gemischten Gebieten des Lebens den Dingen die Schönheit nicht raubt, daß es ihm vielmehr erst Schönheit verleiht.

Ich rede von dem, was ich erfahren habe. Ich bin weit davon entfernt, mir so viel Bedeutung zuzutrauen, um als Bevollmächtigter für die Ethik zu sprechen. Dennoch glaube ich eine gewisse Autorität zu haben. Denn wer von dem spricht, was er erfahren hat, dessen Rede hat immer Autorität.

Es geht mir gut. Ich fühle mich froh und zufrieden. Ich lebe ein höheres Leben im gleichen Atemzug mit meinem irdischen, häuslichen Leben. Ich fürchte beinahe, es könnte dir weh tun zu hören, daß das Leben in seiner Einfachheit so schön sein kann. Ich habe dir geschrieben, weil das leichter ist, als mit dir zu sprechen. Wenn du dich also in der verschlossenen Maschinerie deiner Persönlichkeit selber verarbeitest, so gebe ich dir diese Ausführungen hinzu und bin überzeugt, daß sie neben all den Dingen, die du in deinem Herzen bewegst, auch einen bescheidenen Platz bekommen.

Nachwort

von Peter Hübner

Wenn du, lieber Leser, mit deiner Lektüre hier angekommen bist, so hast du vielleicht eine Einsicht in dein Inneres gewonnen, die dich verwirrt, betroffen macht oder dir doch zumindest einige Fragen aufgibt. Die innere Wirklichkeit, die wir in der Regel vorfinden, ist wohlgeordnet, überschaubar, verfügbar und in vielerlei Hinsicht auch machbar und beherrschbar. Oder anders gewendet: Wir haben uns die Wirklichkeit so zurechtgebogen, daß sie uns eine kontrollierbare Welt liefert, möglichst auch mit kontrollierbaren Menschen und einem Repertoire von Strategien zur erfolgreichen Selbst-Herstellung und Selbst-Darstellung.

Wenn wir dies glauben und für erstrebenswert halten, finden wir uns in bester Gesellschaft. Philosophen und Lebenskünstler aller Zeiten versichern uns, daß es nur darum gehe, die „Vernünftigkeit" der äußeren Welt in unserer inneren zu reproduzieren, um damit ein glückliches Leben zu gewinnen. Platon, Aristoteles ..., die Stoiker ..., die Scholastiker und die neuzeitlichen Rationalisten, auch Kant und viele andere, sie alle setzen auf die überragende Rolle der Vernunft und des „richtigen" Denkens für eine angemessene Lebensbewältigung.

Und dann erscheint in der Mitte des 19. Jahrhunderts dieser Kierkegaard (wer ist das eigentlich?), um solche bewährten Konzepte der Weltsicht gründlich zu disqualifizieren. Das fordert uns heraus, ärgert uns vielleicht sogar und versetzt unsere bedrohte Vernünftigkeit in scharfzüngige Rebellion.

Doch die Sprache von Kierkegaard ist gewaltig, seine Einsichten sind von einer Tiefe, in die man hineingezogen wird. Er spricht aus dem, was er lebt, und spricht nicht *über* das Leben. Er landet jenseits unserer Vernunft, hinter ihren Verteidigungslinien, und bringt sie in eine verzweifelte Lage.

Hanne Baar gelingt es, aus einem Basiswerk Kierkegaards, „Entweder-Oder", genau jene Passagen zusammenzustellen, die uns das Zentrum dieser Revolution erleben lassen. Sie gibt der wuchtigen Sprache Kierkegaards einen modernen Schliff, der sie für uns Heutige leichter verständlich macht, jedoch ohne Einbuße an Gültigkeit und Durchschlagskraft. Die ausgewählten Textstellen wirken wie ein Guß und sind dennoch transparent durch die eingefügten Kapitelüberschriften. Man wird von der Erlebniswelt Kierkegaards eingesogen und auf den neuralgischen Punkt des eigenen Seins geworfen, wo die liebgewordenen Denksysteme zur Disposition stehen. Als Christ beginnt man plötzlich zu begreifen, warum christliches Nachdenken über Gott und die Welt nicht einfach nur ein *vollständigeres* Konzept sein darf, sondern einen *diametral anderen* Zugang zur Wirklichkeit fordert, einen Zugang, der nicht bei den Dingen und ihrem äußeren Sein seinen Anfang nimmt, sondern bei der Kapitulation der Selbst-Herstellung tief im eigenen Innern. Die Welt ist dann nicht mehr das Vehikel meines Selbstverständnisses, sondern sie wird mir in der Liebe zu Gott neu geschenkt und anvertraut. – Möge dieses Buch vielen Anregung geben, im Licht der Wahrheit, das von Gott kommt, den entscheidenden Sichtwechsel zu wagen.

(**Dr. P. Hübner, Dipl.. Psych., wissenschaftlicher Leiter der IGNIS-Akademie für Christliche Psychologie, Kitzingen**)

Zeittafel

1813	5. Mai: Geburt Sören Kierkegaards in Kopenhagen als jüngstes von 7 Kindern
1830	Immatrikulation K.s an der Universität Kopenhagen
1834	Tod der Mutter
1838	Tod des Vaters (der Tod raubt K. nicht nur die Eltern, sondern auch die Geschwister, 5 der 6 Geschwister sind im Jahr 1835 bereits gestorben)
1840	theologisches Staatsexamen Verlobung mit Regine Olsen
1841	Doktorarbeit, Auflösung seiner Verlobung mit Regine Olsen
1843	Beginn eines 12jährigen intensiven Schaffens. Es erscheinen: Entweder-Oder Furcht und Zittern Die Wiederholung Philosophische Brocken oder ein Bröckchen Philosophie Der Begriff der Angst Drei Reden bei gedachten Gelegenheiten Stadien auf dem Weg des Lebens Achtzehn erbauliche Reden Abschließende unwissenschaftliche Nachschrift zu den philosophischen Brocken, eine literarische Anzeige Erbauliche Reden in verschiedenem Geist Taten der Liebe Die Krankheit zum Tode Einübung in Christentum (u. einig. mehr)
1855	Flugblatt „Der Augenblick" erscheint - K.s Kampfmittel gegen die Kirche, der er vorwirft, das Christentum veruntreut zu haben 2. Oktober: K. bricht auf der Straße zusammen und wird in ein Kopenhagener Krankenhaus eingeliefert 11. November: Tod Sören Kierkegaards (im Alter von 42 Jahren)

Weitere Bücher von Hanne Baar im Hymnus-Verlag

GOTT MACHT DAS SCHWACHE STARK

Essays zum Nachspüren

72 S., Tb., sFr./**DM 10**, öS. 70

ISBN 3-9803801-3-0

Aus dem Inhalt: Druck, Streß und *keine Zeit* * Wollen, was Gott will *oder:* Das feine freie Zusammenspiel von Wille und Gewissen * Der lebendige Rhythmus gesunder Fähigkeiten und seine Verzerrungen * Den Riegel lösen: Ein Beitrag zum Thema Resignation * Bei Gott ist kein Ansehen der Person * Die Tücken innerer Gewißheit * Will ich oder will ich nicht? Liebessehnsucht und Bindungsangst * Die Chance von Krisen * Die Herkunft moralischer Werturteile (in Anlehnung an Max Scheler) * Awareness * Heilung von Beziehungswunden

GOTT MACHT ALLES NEU

Essays zum Nachspüren

72 S., Tb. sFr./**DM 10,** öS. 70

ISBN 3-9803801-4-9

Aus dem Inhalt: Wovon ich überzeugt bin * Charismatische Erneuerung, ein Geschenk Gottes an unser Jahrhundert * Amazing grace * Den Unmündigen wird es geoffenbart * Das Übel nicht nehmen * Das Übel im Leib * Diagnose Krebs * Diagnose Schizophrenie * Verhängnisvolle Dreiecksbeziehungen * Das *Keine-Zeit*-Syndrom * Gott kann rechnen * Mein Gottesbild

GOTT MACHT DAS KRUMME GERADE

Essays zum Nachspüren
72 S., Tb., sFr./**DM 10,** öS. 70
ISBN 3-9803801-0-6

Aus dem Inhalt: Wonach sich das Herz verrenkt * Entstehung negativer Haltungen * Eifersucht * Das dominante Wesen * Leistungsorientiertheit und Glaube * Die Grenze zum Wahnsinn * Seelischer Schmerz und die Angst davor * Hilfen in der Krise * Gebetskampf

WIE MAN WAHNSINNIG WERDEN KANN

Beiträge zu einer christlichen Tiefenpsychologie
96 S., Pb., 34 Abb., sFr./**DM 20,** öS. 140
ISBN 3-9803801-5-7

Es gibt einen „Virus", der unsere Denkprogramme umfunktioniert und uns in den Wahnsinn zu treiben sucht. Wer seine in sich widersprüchlichen Ansprüche nicht zurückzustecken bereit ist, und zwar „um keinen Preis", den zerreißt es. In diese Zerrissenheit hinein bietet sich (pseudo-verbindend) der Wahnsinn an. Die letzte Konsequenz von in sich widersprüchlichen und feindseligen Unmuts-Eskalationen in unserem Charakter ist also der Wahnsinn, wenngleich es die meisten nicht so weit kommen lassen. So gesehen ist der Wahnsinn nur die Spitze einer Entwicklung, in der wir alle mehr oder weniger stecken. Und damit ist das hier psychologisch wie geistlich entfaltete Thema mit seinen Irrwegen und Auswegen von allgemeinem Interesse.

DIE NAMEN MEINER FEINDE

Haltungssünden unter der psychologischen Lupe

120 S., Tb., 3. Aufl. 1997, sFr./**DM** 15, öS. 105

ISBN 3-9803801-2-2

Viele Menschen fühlen sich heute unter Druck, sie sind geradezu druckallergisch. Alles wird ihnen zu eng: Kleider, Vorschriften, Termine, Erwartungen und Ansprüche anderer. Vor allem quält sie der Druck, der von den (wirklichen oder vermeintlichen) „Bergen unerledigter Arbeit" ausgeht. Das Ergebnis ist ein beständiges Gefühl von Überforderung, das alle Freude tötet. – In dem hier erzählten Zeugnis kommt nach und nach zum Vorschein, was das eigentlich Zerstörerische ist. Die Feinde zeigen ihr Gesicht und verraten ihre Namen.

QUÄLGEIST EIFERSUCHT

Mit einem Nachwort von Karl Herbert Mandel

100 S., Pb., sFr./**DM** 15, öS. 115

ISBN 3-9803801-1-4

Aus dem Nachwort: »Eine gläubige Frau und Fachkollegin gibt hier ihr bewegendes Zeugnis. Sie erkennt, wie sie von Gefühlen beherrscht wird, die leiden machen und Leiden bereiten. Mit einer Offenheit, die betroffen macht, schildert sie ihre Erfahrungen. Wissend geworden, versucht sie gar nicht erst, den kranken Gefühlsknoten, der in uns allen wuchert, mit profanen Psychotherapie-Techniken aufzulösen. Sie bringt den Mut auf, den Befund zu erkennen und beim Namen zu nennen ... und am Besitztum der Kränkung nicht länger festzuhalten.«
Das Buch hilft, die qualvoll-irritierenden Eifersuchtsgefühle (bei sich selbst wie bei anderen) tiefer zu verstehen und deshalb besser durchzustehen.

KOMMT, SAGT ES ALLEN WEITER

Eine Christin berichtet über charismatische Erfahrungen
Mit einem Nachwort von Karl Rahner

100 S., Pb., sFr./DM 15, öS. 105
Verlag Herder, Freiburg 1986, dort vergriffen,
zu beziehen über: Hymnus-Verlag, Parkstr. 2a,
97228 Rottendorf

Zur Person der Autorin:

Hanne Baar, Diplompsychologin, 1968 Studienabschluß in Münster, 1968 - 1973 Lehrtätigkeit an Fachschulen für Sozialpädagogik, 1973 bis 1980 Leiterin einer Erziehungsberatungsstelle des Kreises Neuss.

1974 Bekehrungserlebnis (neue und tiefere Annahme des christlichen Glaubens), danach (1976 - 1987) Leitung einer christl. Teestube: „Die Arche" in Meerbusch-Osterath (zusammen mit ihrem Mann). 1988 - 1990 Arbeit mit psychisch Kranken im Rahmen von Teen Challenge in Freiburg-Opfingen (zusammen mit ihrem Mann). 1987 - 1990 Zusatzausbildung zur Christlichen Therapeutin (IACP) bei IGNIS, Kitzingen, seit 1990 mit ihrer Familie wohnhaft in Rottendorf bei Würzburg.